U0049986

# Interpersonal Relationships

# 人際關係

Diana Dwyer　著

林正福　譯
黃囇莉　校閱

弘智文化事業有限公司

Diana Dwyer

# Interpersonal Relationships

© 2000 Diana Dwyer

First published in 2000 by Routledge

ALL RIGHTS RESERVED

No part of this book may be reproduced or transmitted in any from by any means, electronic or mechanical,including photocopying, recording, or any information storage and retrieval system, without permission, in writing, from the publisher.

**Chinese edition copyright ©2001**

**By Hurng -Chih Bo∂k Co.,Ltd..**

**For sales in Worldwide.**

ISBN 957-0453-33-8

---

Printed in Taiwan, Republic of China

# 人際關係

戴安娜・杜爾著

基本上，人類是一種社會性動物。在無數的小說、電影、歌曲、戲劇與詩歌中，都可以發現：我們最終的幸福與絕望來自於各種關係。本書詳細探討友誼與更親密的關係，包括了關係與愛的各種類型與理論。我們爲什麼需要這些關係？這些關係又是如何形成？我們從關係中得到什麼？關係又會歷經哪些階段？在本書中，讀者將一一獲得解答。此外，本書也探討社會與文化變項，以及關係會如何對我們的健康與幸福造成影響。

本書是專門爲進入更高層次研究的學生而設計。藉由它簡明易懂的特性，以及最後一章的指導，學生將在考試與學習技巧中獲得進步。本書適用於修習普通心理學與社會學的學生，以及那些從事照護性職業的從業人員，譬如護士。

## 譯者序　林正福

《人際關係》一書不只對從事社會科學研究領域的學者、學生有相當的裨益，一般人士在閱讀的過程中，也能夠逐漸地看清楚自己的人際關係之運作模式，進而瞭解自己，看到別人眼中的自己，並找出改善人際關係的解答。從愛情與依附風格的類型中，我們可以發現到自己的幼時經驗對日後愛情關係的影響；在著名的「愛情三角論」中，我們則看到了自己在愛情關係中所展現的性格特徵；至於友情、愛情與其它人際關係，我們也可以藉由本書對於關係的形成、維持與破裂之解釋，看到過去的自己在人際關係上的表現與慣性。而本書所討論到的不同文化、社會脈絡、次文化中所蘊含的人際關係，也平衡了過去因為優勢文化所造成的強勢研究，進而提供一個更具廣度與深度的整理。

# 校閱序　黃囇莉

「抽絲剝繭看人際關係」

我們每個人從出生開始，即鑲嵌在各種不同親疏遠近的關係脈絡中。雖然追求自主性是所有人在現代社會中成長的必要條件，但是，從重要的人際關係中獲致各種情感的滿足，也是身心健康與幸福感的源頭。然而，雖然每個人都有各式各樣的人際經驗，但是卻未必都能清楚明白人際互動中的種種質素，以及能適當拿捏人際間施與受的分寸，或應對進退的情理，因而，在人際中受傷或退縮的經驗，依然比比皆是。因此，瞭解與學習人際關係中的各種運作模式，也就成爲現代人必備的素養了。

身爲一個心理學者，經常須面對他人來尋求關於「心理困擾」的解答，而這些困擾當中，通常屬人際困擾最多，或是人際關係處理不順遂所引發的併發症。在對非學院中的大衆講授心理健康知識，或對職場中的上班族進行充電課程時，人際關係的相關課題，一向是列在受歡迎的排行榜上。心理學中關於人際關係的研究佔有相當份量，無論是親子關係、一般人際關係、友情、愛情，都是大家談不厭倦的話題。現在，大學的通識課程中，人際關係又多設計爲單一課程，我自己也在講授此一課程。多年來，我都找不到一本適當的教材，每次都是靠自己繕打製作講義度過。接到戴安娜·杜爾博士的這本著作後，我迅速地瀏覽了一下，眞有說不出的欣喜，因爲它幾乎把分散在心理學各學科中重要的人際關係理論都有系統地囊括進來了，而我需要再補強的部分已然不多；當然，我同時也相當欣賞她整理理論以及引導討論的方式。

這本書從個人內在的基本需求——親和需求談起，這是人格心理學中的古典概念與實驗，選擇這個主題開場，正顯示其理論根基的深耕。在論述愛的理論時，同時兼顧發展心理學中的依附理論，Robbins 的喜歡與愛情的區分，主流的理論——愛情三角論，以及六種愛情風格論，讓各式各樣的情愛關係在一個框框中現形。人際關係原本就是一種動態的發展歷程，本書不僅僅解析與論述了影響關係發展的種種因素，更細細膩膩地道出關係維持下去或可能變奏的歷程。可貴的是，在介紹理論時，作者也都提醒說明各理論的限制及可能的偏誤。最特別的地方是，本書還就性別（gender）因素與人際關係做進一步的分析，同性戀的人際關係的發展與困境，也受到特別的關照。加入性別的討論，不僅符合「政治正確」的必要性，同時也擴增了本書討論問題的視野。

第八章中雖然嘗試就跨文化的角度來討論人際關係，並重點式地指出東方集體主義文化與西方個人主義下人際關的差異，但這樣的比較還不夠細膩。尤其是第七章大量引用英國學者 Argyle 的研究，說明各種關係中的規則，這樣的人際規則還存在著文化差異的議題。

華人的文化傳統特別重視人際關係，華人的社會行爲特色也以關係取向爲核心，以這樣的核心概念爲基礎所從事的本土心理學研究，已逐漸累積成果，也有不少的出版品（例如，本人即系列地探討了華人的人際和諧與人際衝突）。可惜，這樣的論述與研究成果，在以西方理論爲主流論述的著作中，經常受到忽略而遺漏。因此，讀者們在閱讀本著作之餘，還可以參考一些以中文寫作的華人本土心理學專業著作，以補充本書的不足之處，並增進自身在社會文化脈絡下的人際拿捏，以開啓更多的人際智慧，使自己更遊刃有餘。

# 目錄

# Chapter 1

# 關係的類型

* 導論
* 人際關係的研究
* 關係的類型

## 導論

基本上，人類是一種社會性動物。在無數的小說、電影、歌曲、戲劇與詩歌中，都可以發現：我們最終的幸福與絕望來自於各種關係。在工作時、玩樂時、以及家庭生活中所獲得的滿足感，絕大多數都跟友誼與愛息息相關。在一項全國性的調查中，坎貝爾（Campbell）以及其他學者（1976）發現：大多數的人認爲擁有益友與幸福的家庭生活比經濟上獲得保障更爲重要。當克林傑（Klinger）（1977）提出「什麼才能使你的生命更有意義？」這一問題時，幾乎所有的受訪者都提到被愛與爲別人所需要。

## 人際關係的研究

在研究人際關係時，我們感興趣的是一系列問題的答案。爲什麼我們喜歡的是某些人，而不是其他人？當我們墜入情網時，我們會有哪些舉動？一段成功、美好婚姻的要訣爲何？何者才能稱得上是一段「成功的」婚姻？親友之間多久應聯繫一次？一段關係會對你的健康造成影響嗎？如果有影響的話，又是如何影響呢？

類似的問題實際上是無止盡的，這也是爲什麼沒有單一的方法能夠提供所有的答案。就如同在社會心理學的各個領域中，我們需要運用許多不同的研究方法來了解人際關係，而每一種研究方法都各有利弊。單獨一部分的研究並無法提供所有的答案；相反的，我們對這個領域的理解是依賴許多學者以各種方法研究關係的各種面向，經由知識緩慢的累積而得的。

## 相關法

簡言之，相關法是檢視兩個變項之間的關聯度。例如，我們可以在成對的朋友中，測量其「態度相似度」以及「對友誼的滿意度」(所以在這個例子中，變項是「態度相似度」以及「對友誼的滿意度」)。如果我們發現高度的態度相似性，與高度對友誼的滿意度有關，那麼，這兩個變項間即存在著正相關。這項結果說明了，人們認爲朋友間的態度上愈相似，他們愈會覺得彼此的關係令人滿意。這項資訊本身即具有利用價值，也可以作爲進一步研究的基礎。然而，相關法的設計有一個缺點，即我們無法知道某個變項是否就是造成另一個變項的「因」，因此我們依然無法回答變項間之所以相關的原因。人們是否因爲他人具有類似自己的態度，而選擇他們作爲朋友？此一問題暗示了：是態度相似性造成了友誼滿意度。但換個方式來問，是否人們是先受到某人的吸引，然後，當他們愈喜歡對方之後，他們愈會改變自己的態度去迎合對方？這樣解讀的話，即是友誼滿意度造成了態度相似性。然而，另一個可能性是人們與類似背景的人作朋友，是因爲這些人是他們日常生活中常會遇見的人，而來自類似背景的人傾向對彼此有好感並具有相似的態度。不像前兩個可能性，此一可能性的解讀是兩個變項中並沒有直接的因果關係，而是存在著第三個因素（類似的背景）在影響著。

不幸的是，許多人錯誤地詮釋了相關法的研究發現，並貿然作出因果結論。當讀者在閱讀本書中的研究並作出判斷時，敬請務必牢記這一點。

## 實驗法

實驗法是一套能夠嚴謹地建立因果關係的研究工具。例如，我們可以請人們填寫一份關於自身態度的問卷，然後請他們看各種陌生人的檔案，依照檔案中人物的態度，說出他們對這些人的感覺，並作出認同感的等級評分。實驗者可以列一張態度從非常相似到非常不同的等級評分表，請受試者填寫。如此，就解決了相關法設計上的缺點。我們操弄一個變項，稱之爲自變項（在此例子中爲態度相似度），並看它對依變項（在此例子中爲喜歡程度）有何影響。

實驗法主要的優點是我們能夠建立因果關係。在上面的例子中，我們可以探討態度相似性是否影響了喜歡程度。然而，這個設計有許多限制，尤其當我們研究的是人際關係時。我們無法完全地設計一套眞實生活中人們如何彼此關聯的模型。例如，我們每天見到新面孔的經驗，通常並不會涉及先看他們照片，再有意識地把我們對他們的感覺作出等級評分的一個過程。實驗室情境絕對無法忠實地反映親密關係中的重要因素。從實際上來考量，我們做不到；就道德因素來看，我們也不應該在實驗室內製造人類的愛、忌妒與激情。因此，在研究人際關係時，實驗室研究往往受限於我們只能研究陌生人之間冷冰冰、疏離的互動。

如此來看，相關法與實驗法設計各有優點，並能補足彼此的缺憾。藉由相關法，我們看到了眞實生活的變項，諸如愛、性行爲與承諾。這意味著相關法具有生態效度（ecological validity），即這個方法能夠取樣自眞正生活情境中的行爲。然而，我們並不能獲得因果推論。相對地，實驗法的確能讓我們建立因果關係，但我們卻只能研究關係行爲領域中非常狹窄的一角，所以此法非常容易失去生態效度。這也就是爲什麼我們通常不會只運用一種研究方法的原因。

## 篩選受試者

另一個人際關係研究學者所會面對的問題是，研究中對受試者的篩選。理想上，我們應該仔細地尋找母群中一份大量並具代表性的樣本，應該來自各行各業、不同的年齡層、以及各種文化、社經背景的樣本。然而不幸的是，獲得如此精細的取樣既困難，在經濟上也不划算。此外，當對一大群的人口進行調查時，從中獲得詳細的資訊也絕非易事。例如，如果要進行大規模調查的話，我們只能從每位受試者身上獲得相當有限的資訊。因此，唯有使樣本維持在相對少量下，才能獲得深度的資訊。

在閱讀本書時，你也會看到一個廣爲研究者使用的取樣方法，即尋找容易獲得的受試者，例如學生。這樣的一份機會樣本（或稱方便性樣本）意味著樣本的組成無可避免地來自一個非常狹窄的範圍，包括年齡、教育與社會經濟地位、以及文化背景的相似性。所以我們必須謹記的是，任何心理學研究所獲得的結果只適用於與受試者有相同特徵的人們；以學生爲受試者而獲得的研究並不能概括使用到其他的族群上。

## 人際關係研究的發展

若是說早期對人際關係的研究非常有限，其實一點也不爲過；直到最近，才開始有相當程度的進展。達克（Duck, 1995）指出：早期的相關研究是頗爲不當與機械化，研究範疇主要是第一印象以及人們彼此吸引對方的因素，使用的方法也只是以大學生爲樣本的實驗室研究，並要求他們對陌生人作出立即的反應，或是對一份隨意完成的態度問卷所作的分析。在後者，絕對不會有眞實生活中的人際接觸。或者情況是：倒楣的學生在一大群的「盲目約會」中被配對，而收集資料的步驟則是看他們給這次「約會」打分數，再問他們是否會選擇願意再見到對方（例如，Walster 等人，1966）。所獲得的有限資料然後被進一步地運用，成爲一套友誼或關係滿意度的理論基礎。達克批評這樣的研究並未考慮到日常生活中許多細微的互動，像是玩耍、開玩笑，處理像煮飯、打掃與替小孩洗澡等例行公事，以及來自日常互動所產生的相互了解。

今日，人際關係的研究範疇遠較以往寬廣，並企圖勾勒出一幅更複雜的人際關係圖。所作的研究不只包括正面的元素一友誼、愛情與家庭生活中的愉悅、歡笑與快樂，也有負面的元素一關係中無可避免的生氣與煩惱。當今的研究也傾向對眞實生活的關係作長期的追蹤，並探究促使滿意或不滿的因素，以及當我們對他人的感覺改變時，我們會採取的作法。這些研究有相當廣泛的實務應用，並讓我們進一步了解什麼能夠使我們快樂，什麼又會使我們深感悲哀。

如同在心理學的其它領域，許多對關係所作的研究仍侷限在非常少數的幾個文化上。馬哈丹（Moghaddam，1993）指出：對這個領域所作的研究往往忽略了東方「集體主義」社會中的重要因素，而完全把焦點放在西方「個人主義」文化中的關係特質上——包括最初的吸引力、友伴的選擇、以及伴侶的標準等研究。獲得的結果所反映的不過是西方世界中，一種都市性、流動性高的關係型態；而在這種文化中，幾乎每天都會有結識新人的機會，大衆媒體極度渲染性與熱情，而普遍的信念又認爲浪漫關係是建立在異性戀伴侶的選擇上。這樣的研究其實是把重心放在關係的選擇性、建立與破裂，而所研究的關係又不具長期性。相對地，我們並沒有花太多心力在諸如家庭與家族之類的關係上。這些相較下具恆久性與強制性的關係，是許多東方、集體文化的主流；對這樣的文化而言，團體的目標遠較個人的目標重要（細節部分將在第八章詳細討論）。儘管一些最近的研究——特別是在英國（例如Argyle與Henderson, 1986），採用跨文化的分析取向，並試圖含括各個文化中的親屬關係以及關係中的各種規範與規則，這些研究在形成一套可以包含所有類型的人際與團體間關係的一般性理論之前，仍有一段漫長的路要走。

**複習測驗**

1. 在研究人際關係時，相關法為什麼會比實驗法具有更好的生態效度？
2. 使用實驗法來研究人際關係的主要優點為何？
3. 當我們研究人際關係，並想要獲得一組具代表性的受試者樣本時，可能會遇到哪些問題？
4. 在使用一組由大學生所組成的機會樣本時，研究本身即受到了何種限制？

# 關係的類型

人們終其一生會經歷各種人際關係。對許多人而言，剛開始最重要的關係會是與父母以及與一些近親的關係。然後，隨著我們逐漸長大，其他的關係也變得日益重要：我們與他人成為朋友，在工作中結識同事與上司，和喜歡的人編織戀曲——所有的這些日常生活事件都涉及人際互動，並對我們的生活品質有重大的影響。我們將從親和（affiliation）這一概念開始，一種我們與他人連結，並對特定關係持續付出的基本需求。

## 親和

親和（affiliation）是一種尋求他人陪伴的基本需求。我們對一個人所做的最具摧毀性的處罰之一，就是把他單獨拘禁，強迫他處於完全孤獨的狀態。在大部分的社會與環境中，人們都會顯示群居性（社交性）的傾向；這種傾向指出親和的需求至少部分來自本能。我們是在團體中工作與生活，而非離群索居；的確，我們所有的生存都與他人密不可分。因而我們會在不同的情境中展現出各種親和的態度，諸如一同玩樂時，想要獲得別人的稱許時，想藉由他人來排除恐懼感時，以及與他人分享性的親密感時。

想要跟他人相處的動機有外在與內在的因素，這兩者的分配取決於個性與環境。當我們身處某些環境，尤其是陌生、令人不安、或尚未弄清楚狀況的環境時，我們會有尋找同伴的慾望。然而，人們的親和需求並不全然相同，有些人的親和需求會顯示較高的社交性。

### 親和的情境因素

想想下列這個情況：有時候你會極度想要與他人在一起，有時候卻又會極度渴望孤獨。一項由福克斯（Fox, 1980）所做的研究顯示：人們在歡樂和具威脅性的環境中，會特別想要與他人相處。如果我們想要玩得愉快——例如去pub玩，看場足球賽，或看場電影——我們大多會覺得一同出遊要比孤單一個人好，因爲如此才能夠有人可以分享我們自己的情感（喔！我迫不及待地想告訴你。我拿到汽車執照了！）。當我們感到危險或害怕時，我們也會尋求他人的陪伴（我才不要一個人去那棟房子！奈麗姑媽發誓說那裡一定有鬼！）。

然而福克斯的研究也指出：在某些不愉快的情況下，我們會比較喜歡一個人獨處。像是重要的面試前，處於緊張與不安的狀況時，或我們因爲剛才的考試沒考好而難過時，以及需要我們專心的情況，像是聯考前夕。

不幸的是，關於親和的研究大多傾向於在人造的情境下進行實驗，而通常這些情境又極具壓迫性，以便容易測得（尋求他人陪伴的）欲求或其他表徵。一個典型的例子是早期常常提到的薛克特（Schachter, 1959）所做的研究。他藉由引導實驗組的受試者預期在接下來的步驟中，會承受極度痛苦的電擊，而使他們經歷到高度焦慮。處於低焦慮狀態的控制組受試者則被引導預期僅會引起輕微的刺痛。所有的受試者接下來，則被問及他們是想要獨處或與他人在一起。處於高度焦慮狀態的受試者有百分之六十三——相對於低度焦慮組的百分之三十三，會選擇他人的陪伴；這項結果指出焦慮會提高對親和的需求。在之後的研究也指出：如果可以選擇的話，害怕的人會選擇與同一艘船的人（也感受到恐懼）

打交道，而不是那些什麼也不怕的人。薛克特曾說過一句如今被奉爲經典名言，「悲慘並不偏愛任何一種伴侶；它只愛悲慘的伙伴。」(Misery doesn't love just any kind of company; it loves only miserable company)(Schachter, 1959, p.24)。

值得注意的是：薛克特的研究在道德上具爭議性，因爲對於劇烈電擊的預期幾乎必然使人們感到害怕與緊張。這項實驗也是在人造的情境下施行，因此也可說是缺乏生態效度。

一項在較符合眞實生活情境下所做的研究指出：在壓力環境下，人們並不一定總是選擇有類似想法的人作伴。庫力克和馬勒（Kulik & Mahler, 1989）發現：即將動手術的癌症病人比較喜歡成功動完手術的病人陪伴，而不是那些將與他們有類似遭遇的人陪伴。這項調查指出一項事實：當我們面對未知的威脅時，我們會向較有經驗的人尋求陪伴，希望他們可以分散我們的害怕，或者至少提供相關的資訊。

### 親和的動機

布安克（Buunk, 1996）指出：有很多動機會驅使人們親和，但主要的三個動機是「社會性比較」，「減除焦慮」，與「尋找資訊」。

◇ 社會性比較（*Social comparison*） 在一項嶄新的自然情境研究中，布安克和范皮藍（*Buunk and VanYperen, 1991*）發現：對自己的婚姻不確定的人，特別是那些無法從婚姻中獲得快樂的人，會喜歡與有類似情況的人討論，以從中獲得像社會性比較等資訊。由費司廷格（*Festinger, 1954*）建立的社會性比較理論之主要論點是：人們會想要與在相同處境下的他人比較自己的情感與反應，特別是處於陌生或令人恐懼的環境時。

◇ 減除焦慮（*Anxiety reduction*） 我們已經知道在令人害怕的環境中，如果可以選擇的話，我們會傾向與面對過類似情況的人在一起，而不是與那些即將面對此等經驗的人（例如，*Kulik & Mahler, 1989*）。也就是說，在這些情況下，社會性比較的動機轉弱，人們會轉向那些或許能夠提供情感支持與安慰的人，以試圖減低自己的焦慮不安。

◇ 尋找資訊（*Information seeking*）像庫力克和馬勒（*1989*）所做的其它研究也指出：在令人害怕的環境中，成人就像小孩一樣，也會從那些比自己更有知識的人尋求確認；畢竟，有誰會比曾經歷過相同危險的人更合適？

當然，這三種動機並不是各自獨立。在許多狀況下，這三種動機有可能同時進行。在眞實生活的情境中，我們並不是只能從兩組人當中選擇其一；我們或許會跟各式各樣的人親和，而他們或許能夠一起滿足我們所有的三種動機，尤其當我們害怕無助時。例如，一個最近才被診斷出有癌症的病人，極有可能會去找出能夠提供相關資訊的專家和治癒患者，希望因此減低自己的焦慮。與其他最近也被診斷出癌症的病人交談，從中得到同病相憐的慰藉，也獲得社會性比較的資訊。到最後，在艱困時期，病人會向親密的友人與家人尋求情感上的支持。

## 親和的性格因素

儘管是有些情況使我們更想去尋求他人的陪伴，有些人則是本身即比較容易與他人社交。人類的性格與行爲中具有一些本質上的差異，因此有些人有高度親和的需求，有些人則在這個需求上顯得微弱。一般而言，具高度親和需求的人會關心與他人建立與維持正面的關係，並且傾向在社會互動中與他人親近。他們對人們友善，並常常是受歡迎的人物。或許因爲他們渴望被接受，他們害怕遭到拒絕，也小心翼翼不去冒犯別人，並且在社交情境中顯現高度的焦慮。所以說，雖然親和的需求是人類的基本需求之一，對每個人來講，需求的程度卻不全然一致。

## 友誼

朋友是指我們喜歡且樂於在一起的人。有句話說，「你可以選擇朋友，卻不能選擇家人。」這句話多多少少說明了：不像親情，我們對友誼可以有完全的自主性。友誼具有普遍性：各個年齡層、各個階級、各種文化中的人們，不論是男人或女人，男孩或女孩，牢靠的友誼都有可能建立。

### 複習測驗

1. 在什麼情況下，我們會特別想要與他人在一起？以及什麼時候我們則寧願獨處？
2. 回顧過去的兩個星期以來，想想看有哪些時候你寧願一個人？又有哪些時候你想要與別人在一起？這些情況是否符合你對於問題 1 的回答？
3. 庫力克與馬勒的研究（1989）可以說比薛克特的研究（1959）具有更高的生態效度。什麼是生態效度？（如果不清楚的話，可以查閱名詞解釋。）爲什麼這兩個研究在這方面有所不同？（記得在評估研究文獻時包括這一點。）

亞蓋爾與韓德生（Argyle & Henderson, 1985）列出友誼中最重要的標準與規則（見第七章）。朋友會在對方遇到難題時伸出援手；朋友會彼此互相信賴、尊重，給對方打氣，並尊重對方的隱私。朋友不會公開指責對方，也不會允許他人在朋友不在時說他們的壞話，並會起而爲朋友辯護。

友誼在親密度與穩定性方面，有相當大的差別性。童年時的友誼常常說斷就斷，說復合就復合；青少年時期與成人初期的友誼，則通常最親密與最能持久。

過去，心理學家極少注意到兒童時期的友伴關係，而大多把焦點放在親子關係上。現在，則改變了焦點。現在的心理學家已經瞭解到友伴關係在兒童發展的歷程中，扮演相當重要且獨特的角色；友伴關係可以幫助兒童從童年時期的依賴，過渡至成人初期的獨立自主。

友誼在人生各個階段以各種不同的形式出現，並具有不同的功能。雖然學齡前兒童會表現得好像跟某些同伴比較親密，但這個階段的他們實際上並不具有友誼是一種持久關係的概念；朋友對他們來說不過是玩伴罷了。

約從八歲起，兒童才開始視朋友是可信賴、忠誠、體貼、可以一起共事，並知悉對方需求的人（Pataki 等人, 1994）。在青少年時期的友誼，則強調朋友是能眞正彼此知道對方的長處、缺點，以及願意吐露內心最眞摯情感的人（Hartup, 1992）。或許，青少年時期的同性友誼，是人生所有階段中最緊密的。

當人們長大、結婚，友誼在他們的生活中便顯得不是那麼重要與親密。成人的朋友圈大多來自鄰居和工作中的伙伴；而這些關係相較於早期建立的友誼，則顯得沒有那麼深厚（Argyle & Henderson ，1985）。

與一般想法相反的是：大多數的老年人（超過六十歲）並不孤獨無依；他們大多有一位以上的親密友人。成人晚期的友誼再度提供了親密感，而他們從活動中找到了刺激與快樂的來源（Adams,1986）。友誼對女性老者尤其重要，因爲她們可能比較容易面臨到伴侶比她們早逝所造成的的單身生活。

在人生的各個階段中，男性與女性在友誼的風格上也有顯著的不同。這個部分我們將會在第八章有所討論。

## 與親人的關係

對大多數的人而言，與家庭成員間的關係……特別是與父母和子女的關係……是社會網絡中一條重要的幹道，從出生延伸至死亡。不論其中經歷了多少針鋒相對，家庭依舊在我們的生命中提供重要的功能，使我們有共同的認同感與一個安全的基地。

儘管對西方世界中的核心家庭有種普遍的刻板印象，身處不同地理位置的家庭成員通常仍舊具有相當緊密的連結……特別是處於這個科技年代，我們有電話、傳眞機和電子郵件可以使用。賓奇和馬森（Finch & Mason, 1993）的研究發現：大多數的成人每個星期都至少會和母親聯絡一次，而超過百分之十的人則會每天去看她們。我們多多少少都會有種責任感要與家庭成員保持聯繫，尤其是對於雙親。然而，這種責任感並不表示強迫性與索然無味……我們不是因爲「不得不」所以「必須」聯繫，而是因爲我們也想要。

在我們的生命中，手足關係通常是所有關係中最穩定，並且因爲彼此分享成長的經驗而顯得獨一無二。雖然手足關係的強度各有不同，大部分的人報告：至少在某些方面，會與自己的兄弟姊妹有緊密的情感（Bamk, 1992）。一般來講，姊妹之間的關係是最堅固的，但基本上，所有的手足關係都能夠提供大量的情感支持與溫暖，儘管有些會彼此敵對。

通常，除了親子與手足關係之外，最緊密的關係就是祖孫之間的聯繫了。對祖父母而言，他們在教養孫子女方面所必須承擔的責任並不大，因此可以盡情地享受年輕一代的陪伴。對孫子女而言，祖父母則是可以談天說笑，以及（當自己的名字列在父母的黑名單時）尋求袒護的對象。

## 浪漫關係

依據哈特菲爾和雷普森（Hatfield & Rapson, 1987）的說法，一段激情關係的最初階段涉及了相當壯觀與特定的認知、行為、及情感等面向。當我們「墜入情網」時，我們的心思最初往往會全然地放在我們所愛慾的對象身上；我們內心的慾望驅使我們想更加瞭解愛人，也渴望被他們瞭解。情感淹沒了我們，姑且不論正面負面。如果感情順利，我們就會像站在世界頂端，享受極度的喜悅。而倘若我們付出的愛沒有獲得回報，我們隨即陷入絕望的深淵。不論如何，都可以發現高度的生理激發以及某種程度的不確定與焦躁感。我們對愛人有如此大的綺想，總覺得有必要去疼惜、在乎他們，並對他們有高度的性渴望。於是，在浪漫關係的早期時，戀人交織的熱情使他們想要每分每秒都在一起，甚至到了完全排外的兩人境界。

如同許多其他學者，瓦士得和瓦士得（Walster & Walster, 1978）主張：熱情的愛戀關係極度脆弱，並且禁不起時間的考驗；相較之下，其他種類的愛則可能維持一輩子。許多研究的確顯示：有時候，浪漫的愛會隨著時間消褪；但並非總是被友伴式的愛所取代。既然愛是第二章的主題，在此我們將不再贅述浪漫關係，而留待第二章再詳述。

# 摘要

* 沒有單一的研究方法足以研究人際關係。相關法雖然具有相當高的生態效度，卻不能建立因果關係。實驗法則可以建立因果關係，卻只能在人造的環境中測量有限的因素。
* 早期對人際關係的研究受到批評的地方在於：實驗設計太過機械化，研究範圍也太過侷限。首先，研究只集中以實驗室情境來探討第一印象。第二，這個領域中大部分的研究幾乎都集中在西方「個人主義」文化認爲重要的關係，而忽視東方社會的「集體主義」文化。
* 親和是指需要他人陪伴的基本需求。在愉快以及令人害怕的狀況時，親和需求最強。依照布安克（Buunk, 1996）的說法，人們想要與他人在一起的三種主要原因是：社會性比較、減除焦慮與尋找資訊。
* 友誼是指與我們喜歡的人在一起的一段自主性關係。朋友在需要時會互相幫助，信賴並尊重對方，分享秘密卻又同時尊重對方的隱私。終其一生，友誼都具有相當重要的地位，但在青少年時期尤其重要。
* 與家人的關係是所有關係中最持久的一種。大多

數的成人至少每週會與母親聯繫一次。家庭具有重要的作用，爲我們提供一種身份的認同感與一個安全的基地。

## 進一步閱讀

Argyle, M. and Henderson, M. (1985) *The Anatomy of Relationships*《剖析關係》, *Harmondsworth: Penguin*. 本書第四章對友誼有仔細的探討，而第九章則針對親人關係。其它考慮的關係包括與鄰居和工作伙伴的關係。本書也討論到稍後我們會碰到的許多議題，像是關係法則。本書讀起來輕鬆容易，收集的研究也相當完整，並包含了其他書沒有觸及的領域。

Cramer, D. (1998) *Close Relationships*《親密關係》, *London: Edward Arnold*. 此書第一章介紹研究人際關係的基本認識，詳述各種研究方法的問題限制與用途。

# Chapter 2

# 愛的類型

* 基本的區別：友伴的愛與熱情的愛
* 魯賓：「喜歡與愛情的模型」
* 史騰伯格：「愛情三角論」
* 李：六種風格的愛
* 愛的類型與依附風格

雖然我們用「愛」來描述我們對最親近的朋友、父母與愛戀對象的感情，我們知道在這三種情況下，我們所感受到的情感絕不相同。我們也瞭解，當我們在談論有多「喜歡」一個特別的朋友，並多麼「愛」另一個朋友時，我們對他們每個人的感受或許並沒有那麼不同；當中情感的差別是在量方面，而非質。在本章中，我們將看到社會心理學家是如何分類不同類型的愛。

## 基本區別：友伴的愛與熱情的愛

伯士基德和瓦士得（Berscheid & Walster, 1978）曾區別過喜歡、友伴的愛、與熱情的愛。喜歡與友伴的愛被認爲是一軸的兩端，兩者唯一的差異只在感受的深度與投入的程度。另一方面，熱情的愛則又是另一回事。

◇ 喜歡是我們對一般認識的人所會感受到的情感。

◇ 友伴的愛是我們對那些與我們的生活有緊密聯結的人所感受到的情感。

◇ 熱情的愛是一種能量相當巨大的情感狀態，涉及了極度的溫柔、喜悅、焦慮與性慾求等感愛。

伯士基德等人（1989）及哈特菲德與瓦士得（1978）指出：友伴的愛與熱情的愛之主要差異在於：

◇ 友伴的愛（以及喜歡）是透過相互的實質獎賞而發展，熱情的愛則建立在想像的喜悅與幻想上。
◇ 熱情的愛會隨著時間而減弱，而友伴的愛則傾向隨著時間加深與加強。
◇ 熱情的愛因新奇與不確定性而炙烈，友伴的愛則建立在熟悉性與可預測性上。
◇ 友伴的愛是一種完全正面的情感，但熱情的愛所涉及的情感則可能同時有正面與反面。當我們墜入情網時，我們可能同時經驗到快樂、興奮、嫉妒、與焦慮。

## 魯賓：「喜歡與愛情的模型」

爲了探討喜歡與不同類型的愛等概念，使用一些測量的工具是必要的。魯賓（1970，1973），一位最先試圖測量喜歡與愛的社會心理學家，設計了一套愛情量表與一套喜歡量表。爲了編纂這些量表而完成的調查，使得魯賓對於伴侶約會時所表達的各種愛的類型，界定出一個區分。喜歡與情感、尊重有關；愛情，依照魯賓的看法，則包含了三種元素：

◇ 依附（*attachment*） 一種強烈希望獲得愛人的陪伴與支持之需求，並渴求由對方來實現之欲望。

◇ 照顧（*caring*） 一種關懷愛人的感受，並顯示在想幫助與支持對方的欲望中。

◇ 親密（*intimacy*） 一種希望與愛人在互信的氣氛中進行親密與隱秘接觸之欲望。

魯賓要求約會的伴侶就他們約會的對象和一位親密朋友，來完成喜歡量表與愛情量表。下列是兩個量表所列的一些項目：頭三項來自喜歡量表，後三項則來自愛情量表。每個項目的分數都是十分計，一分代表「一點也不」，十分則表示「完全贊同」。

◇ 這個人是我所認識的人當中最討人喜歡的。

◇ 這個人是我想要成為的那種人。

◇ 我對這個人的良好判斷力有極大的信心。

◇ 我覺得我可以跟這個人吐露心中所有的秘密。

◇ 不管這個人做什麼事，我都會原諒他／她。

◇ 為了這個人，我願意作任何事。

（根據魯賓，1973）

魯賓發現：男性與女性在表達對彼此的感覺時，內容並沒有太大的差異，但一般而言，相較於男人，女人傾向更愛對方一些。男性與女性在對同性友人評比喜歡程度的時候也是相當一致，但同樣地，女性傾向對她們的朋友表達更多的愛。魯賓的研究似乎暗示：在成人關係上，男性只在性關係的脈絡中表現出愛意；而女性則較能夠廣泛的各種人身上經驗到某些依附、照顧的成分，以及程度較輕微的親密成分。

## 評論

儘管有些人主張愛是不可能測量的，結果顯示魯賓所設計的量表的確具有某種效度。在實驗時期，魯賓（1973）發現：在愛情量表上得高分的情侶，較常有眼神上的接觸，並且較有可能公開彼此相愛的訊息。在緊接爲期六個月的研究中，魯賓的愛情量表之分數成功地預測了一段關係是如何成功。在愛情量表上獲得高分的人們，較有可能會繼續在一起，並對彼此許下終身。

我們現在接著要探討的是，愛的類型被歸類的其他方法。你會發現：相較於區分爲熱情的愛與友伴的愛，儘管這些方法的分類更爲複雜，基本上還是以這個二分法爲準則。

# 史騰伯格：「愛情三角論」

史騰伯格認爲愛有三種中心元素：

◇ 親密——情感元素。這涉及了分享、相互瞭解、及情感上的支持。親密使關係更加溫暖。
◇ 熱情——動機元素。這涉及了肉體吸引力、性慾望、及「戀愛中」的感覺。儘管性需求在熱情中非常重要，其他需求或許也包含在熱情中，像是自尊與親和的需求。
◇ 承諾／決定——認知元素。這涉及短期的決定——是否愛對方，以及長期的承諾——是否維持那份愛。

## 複習測驗

想想一些主題有關浪漫愛情的電影、小說和劇本。你可能想到了「第六感生死戀」、「鐵達尼號」、「新娘不是我」、「哈拉瑪麗」等等。想想看在這些作品中，你找到了史騰伯格的模型中哪一種類型的愛？

表一 史騰伯格之「愛的類型」與愛情三元素

| 元素 | | | 愛的類型 | 例子 |
|---|---|---|---|---|
| 親密 | 熱情 | 承諾／決定 | | |
| ✓ | - | - | 喜歡 | 這種感覺藏在真誠和深層的友誼中。有親密與溫暖，卻沒有熱情和長期的承諾。 |
| - | ✓ | - | 迷戀 | 著迷的是一個理想化的伴侶，而非真實存在的人，典型的「一見鍾情」。迷戀涉及高度的生理與心理激發；唯有當關係不完美時，迷戀才能維持下去。 |
| - | - | ✓ | 空虛的愛 | 典型出現在長期停滯的關係中的愛。人們失去了相互情感的投入，仍在一起的原因不過是出於習慣，害怕改變，或是「為了孩子」。 |
| ✓ | ✓ | - | 浪漫的愛 | 基於身體和情感吸引力的愛情。羅密歐與茱麗葉式的愛情。情侶間的熱情伴隨著靈魂獻給對方的感覺。 |
| ✓ | - | ✓ | 友伴的愛 | 這種愛存在於長期承諾下的友誼或肉體吸引力已式微的婚姻中。大多數浪漫的愛最終會變成友伴的愛。 |
| - | ✓ | ✓ | 愚愛 | 只因為熱情而定下了承諾，典型的「旋風式愛情」。因為沒有時間發展親密關係，熱情又快速消退，伴侶便感受到欺騙。於是這段愛情也就旋風式的結束。 |
| ✓ | ✓ | ✓ | 完美的愛 | 這是許多人所渴望、追求的完整愛情，特別是在浪漫關係中。我們並不會在每段關係中尋找這種愛情，只有對那些最特別的人才會。 |

這些愛的元素可以用不同的方式結合起來，並產生七種不同的愛。見表一。

史騰伯格主張：認清這三個元素——親密、熱情、及承諾／決定——持續的時間與消退的速度是非常重要。熱情之火雖然快速燃起，但通常也熄滅得快；承諾則是逐漸建立、逐漸瓦解；親密則是隨著時間緩慢而穩定地增加。關係的成功部分的原因在於：隨著愛情元素的變化，我們改變自我的能力如何。不像之前的研究者，史騰伯格的理論提供的不只是一種或兩種的愛。他的理論也因此讓我們看到愛是一種多重的現象，而非單一。

他的理論也有實際應用的功用。首先，藉由測量三個元素，我們可以瞭解到在一段愛情關係中，每個參與者所在的位置在哪裡。第二，藉由分析情侶不同之愛的差異，我們可以看到，如果這段關係要持久下去的話，所必須改變或妥協的地方。

然而，這個模型的一個問題在於，決定／承諾元素尚未有清楚的定義，因此，要確定一個人決定要去愛另一個人的基礎點是什麼，是相當困難（Cramer, 1998）。

表二 李的六種風格的愛

| 愛的類型 | 希臘神話代表人物 | 描述 |
|---|---|---|
| 浪漫的愛 | Eros | 一種全然耗盡的情感經驗，無可救藥地受控於某人立即性、強大的身體吸引力。 |
| 友伴的愛 | Storge | 一種舒坦的親密，緩慢地增長，並涉及相互的分享和漸增的自我坦露。 |
| 遊戲式的愛 | Ludus | 以遊戲和策略爲基礎的愛。不涉及承諾，並以「遊戲人間」爲信念。一旦感到厭倦，這種愛情通常快速夭折。 |
| 佔有的愛 | Mania | 焦慮性格的人所顯示的一種情感上強烈、忌妒和佔有的愛情，會不斷擔心、害怕被人拒絕。 |
| 實用的愛 | Pragma | 一種理性的愛。基礎點是選擇能夠滿足實際需求的伴侶，而對方要在各種條件(像是年齡、宗教、背景和性格)都能相配。這樣的愛注重的是內容，而非一時興起的感覺。 |
| 利他的愛 | Agape | 一種無條件、關懷、給予和包容的愛情。不期待對方的回報。是自我犧牲的愛。 |

# 李：六種風格的愛

根據在美國、加拿大與英國對成人的調查資料，李（Lee, 1973），一位社會學家，認為有六種風格的愛（表二）。

## 評論

這些愛的風格可以與史騰伯格的三元素來作比較。例如，浪漫的愛（eros）有大量的熱情，而友伴的愛（storge）有高度的承諾與親密，卻只有極少的熱情。

亨略克和亨略克（Hendrick & Hendrick, 1989）發展了一份「愛情問卷」，以實際調查這些愛情風格。他們發現：的確有證據支持愛情有不同的風格。然而，個人極少能夠只被歸類為某一種類型：每一個人或許都是混合型的風格。

這些愛的風格之一項差異來自性別。亨略克等人（1984）發現：男人比較容易相信一見鍾情（浪漫的愛），並對愛情採取遊戲的態度。女人則比較可能在選擇伴侶時採實用論，或經歷到友伴的愛。

克拉瑪（Cramer, 1987）根據李的「愛的風格」理論對一群大學生實施問卷調查。他指出，問卷的項目可以有意義地分為四類：關係滿意度、關係開放度、關係重要性、及身體親密度。這四個因素所得的分數與五種愛的風格──浪漫的愛（eros）、佔有的愛（mania）、友伴的愛（storge）、實用的愛（pragma）和遊戲式的愛（ludus）──具相關性，例如，身體親密度與eros呈正相關，卻與storge呈負相關。因此，關係滿意度、關係開放度、關係重要性、及身體親密度這四個因素可用於區分愛的風格。

李與史騰伯格的理論大部分是描述性；他們告訴我們人們持何種風格，對於爲何要採取這些風格著墨不多。下一個我們要介紹的理論，則藉著探討童年經驗和成人關係之間的平行關聯，而試著彌補這個缺憾。

## 愛的類型與依附風格

哈詹和謝普（Hazan & Shaver, 1987, 1990）主張：我們在童年所形成的依附會影響我們在成人時期所經歷之愛的風格。安斯華茲（Ainsworth）等人（1978）提出：由於互動關係產生的結果，嬰兒會對父母顯現出三種不同的**依附風格**：安全型、逃避型、及不平衡型（焦慮／不安全型）（若要參考這些依附風格更廣泛的討論，請見Flanagan, 1999）。依照哈詹與謝普的理論，每一種形式的依附風格都會與個人日後的人際關係有關。

◇ 在嬰兒時期顯現安全依附的人，會對他們的成人關係具有信心，與人們親近也很容易，並且不擔心被他人拒絕。對於自己的獨立以及他人的依靠處之泰然；他們相信他人，個性也顯得穩定。

◇ 在嬰兒時期顯現拒絕依附的人，會在別人過於親近時顯得侷促不安，並且不願意依賴別人。他們害怕對方想要的親密超過自己願意接受的程度。他們是疏離與回應遲緩的。

◇ 在兒童期初期顯現不平衡（焦躁或不安全）型依附的人，會擔心他們的伴侶不是真的愛他們，至少是不夠愛他們。這些人會想要與他們的伴侶完全融為一體。他們是焦慮與不確定的。

哈詹和謝普（1987）要求成人從三段敘述中，選出最貼近他們感覺的句子。他們的選項如下：

*A*. 我發現要我主動去親近別人相當容易，彼此依靠的感覺也讓我覺得輕鬆。我通常不會擔心被人拋棄，或誰對我過於親近。

*B*. 我對於跟別人親近這件事感到不太舒服。我發

現我自己難以完全相信他們、允許自己去依賴他們。當有人太靠近的時候，我就會緊張；我的愛人常常要求我以超過我感到舒坦的程度，表現更親密些。

C. 我發現別人不願意以我希望的程度來親近我。我常擔心我的伴侶不是真的愛我或想拋棄我。我想要完全與另一個人融為一體，但這個慾望有時候卻把別人給嚇跑。

A= 安全型　B= 逃避型　C= 焦慮 / 不平衡型

（來自謝普等人，1988）

這些受訪者也回答了許多關於他們戀愛經驗的特定問題。一般而言，有安全型依附風格的成人會在他們的關係中找到快樂、信任和友誼。有逃避型風格的成人則會表現出害怕親密與不願意承諾。有焦慮型依附風格的成人則會報告曾經歷過極端的情感反應，包括一見鍾情的渴望，以及對於愛慕的對象充滿獨佔的想法。

爲了支持其理論，哈詹和謝普也指出：在成人身上所找到的三種依附風格之比例，與在嬰兒身上得到的比例極爲相近：百分之六十是安全型，百分之二十至二十五是逃避型，百分之十五至二十是不平衡型。此外，從不同依附風格的成人之自陳報告中得出的不同童年經驗，也與該理論所預測的大致符合。安全型的成人對家庭關係有正面的描述，逃避型的成人陳述與自己的母親在過去有相處問題，不平衡型的成人則多陳述與自己的父親在過去有相處上的問題（Hazan & Shaver, 1987）。

## 評論

哈詹和謝普主張：成人的依附關係就像嬰兒的一樣，具有生物性的目的。就如同嬰兒與照顧者之間的依附關係具有生存功能——使嬰兒得以待在成人旁邊，因爲分離可能導致死亡——一樣；成人的依附關係也是演化的設計，目的在於將一對潛在的父母維繫在一起，以確保嬰兒能獲得穩定的照顧。

這些依附風格能維持多久呢？克派崔克（Kirkpatrick）和哈詹（1994）的報告指出：百分之七十的受訪者依舊選擇他們四年前的依附風格。這項結果顯示：大多數的依附風格維持穩定，但我們也不可以忘記將近三分之一的人們會有所改變。

嬰兒時期的依附風格不是影響人們日後關係的唯一因素。哈詹本身也指出：依附風格的轉變可能與後來的戀愛關係有關（Hazan 等人, 1991）。這些研究者發現：屬於安全型依附風格的成人，若是在成人時期經歷一場災難性的關係，較可能轉爲不安全型；相同地，一段成

## 複習測驗

1. 下表列出了史騰伯格的愛情三角論中七種類型的愛。試著從常識的角度來對七種類型的愛與三種中心元素作一配對，然後再對照表一來檢查你的答案。

| 愛的類型 | 親密 | 熱情 | 承諾 |
|---|---|---|---|
| 喜歡 | | | |
| 迷戀 | | | |
| 空虛的愛 | | | |
| 浪漫的愛 | | | |
| 友伴的愛 | | | |
| 愚愛 | | | |
| 完美的愛 | | | |

2. 試構思簡短的故事來突顯李的愛的風格。

3. 試評估哈詹與謝普的依附風格理論（你可以列表列出支持這個理論的證據，並考慮其限制）。

功的關係也會使個人更有安全感。

賴惟（Levitt, 1991）則主張：單純地視成人關係的品質完全受到早期父母與兒童之依附型態的控制，顯得太過簡化。人們對一段關係會有各種不同的期望（如同，1985年Argyle等人，以及1988年Duck所指出的），許多人生經驗也會是影響的因素。賴惟相信嬰兒時期的依附幾乎必然是一個影響因素，但其它的因素何嘗不是，諸如我們對人們的一般性理解、我們的文化規範（像是我們對情侶該有哪些舉止的一般性信念）、以及我們的個人意識型態（像是女性主義或傳統主義）。

在這一章中，我們探討社會心理學家用來分類這種愛的方法，但他們是否成功地回答了「愛是什麼」這個問題？我們的確看到，熱情的愛與友伴的愛之間有明顯而重要的區別；但能否進一步統合這些模型？看來並沒那麼順利。就如同布雷罕（Brehm, 1992）所評論：「就像莎士比亞一樣，社會心理學家發現要回答『愛是什麼？』絕非易事。」（p.110）

## 摘要

* 喜歡、愛、及墜入情網之間有明顯的差異。喜歡是指我們對一般認識的人所顯現的情感。友伴的愛是指對那些與我們的生活有緊密連結的人之較深層情感。熱情的愛則是一種強烈的情感狀態，涉及了極度的溫柔、喜悅、焦慮與性慾望等情感。
* 魯賓設計了測量愛與喜歡的量表。他相信愛具有三種元素：依附、照顧、及親密。

* 史騰伯格視愛具有三種中心元素：親密、熱情、及承諾。這三種中心元素可以混合產生七種不同的愛。
* 李提出愛有六種不同的風格：浪漫的愛、友伴的愛、遊戲的愛、佔有的愛、實用的愛與利他的愛。
* 哈詹和謝普認爲：我們在成人時期顯現之愛的風格，反映了我們在兒童初期所形成的依附關係：安全型、焦慮型、及逃避型。

## 進一步閱讀

*Brehm, S. S. (1992) Intimate Relationships*《親密關係》, *New York: McGraw-Hill.* 第四章「愛與浪漫」綜覽關於愛的類型之理論，並提供測量愛的問卷與量表中之題項與例子。這一章的開始是一段簡短而又迷人的愛的歷史。

*Sternberg, R. J. and Barnes, M. L. (eds) (1988) The Psychology of Love*《愛情心理學》, *New Haven and London: Yale University Press.* 這本書的價值在於它包含了所有重要的理論文獻。第六章對於史騰伯格自己的愛情三角論有詳盡的描述，並附有故事對照每種類型的愛(……提姆與黛

安納在一艘前往巴哈馬的郵輪上相遇）。第三章闡述李的愛的風格，第四章則對哈詹和謝普的依附風格理論有所解釋。本書也有其他許多有用的文章，包括對於浪漫關係的個體觀點與文化觀點。

# Chapter 3

# 關係形成的決定因素

* 接近性
* 相似性
* 身體吸引力
* 互惠式的喜歡
* 互補
* 才能

回想你遇見你最親密的朋友時的場合。或許是在學校，大學，工作崗位，或者你們是住在同一條街上的鄰居。在學校和其他的環境中，像工作的公司，都會出現許多你可以結交爲朋友的人。爲什麼你會與某些人作朋友，卻不跟其他人？是哪些因素使他們吸引你，以及使你吸引了他們？

在這一章，我們將探討一些研究發現，來找出使友誼或愛情萌芽的因素，以及這些因素爲什麼會有影響力。

## 接近性（proximity）

在預測我們如何選擇朋友的一個最重要的因素即是：你與朋友之間的「接近性」。因爲住在同一個地區，在同一間教室讀書，或在同一公司工作，使得我們與特定的人有緊密的接觸；而就是這種空間上的安排，對於決定友誼型態有高度的影響。

在費司廷格等人（1950）的一項研究中，觀察了在一個由十七棟建築物組成的社區中，已婚學生的友誼形成狀態。結果發現：住在同一棟大樓的學生所能夠形成的友誼，是那些住在不同大樓的學生之十倍；而住在大樓同一層的人，則又比那些住在不同樓層的人更容易形成友誼。

不單只是物理上的距離會造成差異。最受歡迎的人往往他們的公寓也最靠近樓梯間和信箱。這項發現指出：物理上的距離並不是吸引力的唯一預測指標。**功能性距離**——兩人接觸的可能性——也是非常有影響力。事實上，如同這個研究所指出：建築上的特徵會對人們相識成爲朋友的可能性有重大的影響。相較於住所靠近公共設施（像浴室間、廚房、休息室與樓梯）的人，住在較偏僻的公寓或房間的人較不容易交到朋友。若房間被分配到走廊底端，或遠離主要的通行路徑，最初，我們或許會喜歡這份隱私與安靜的感覺，但久了則或許會不禁感到寂寞和孤獨。這種情況也會發生在非公寓的住戶上。相較於住在忙碌十字路口的人，住在死胡同內的人在當地較可能不會有多少朋友。

其它研究也支持物理距離和功能距離對形成友誼的重要性。賽蓋爾（Segal, 1974）的研究監控了當軍校學生的房間採分派制，而教室座位也是依字母排列時，這些學生的友誼型態。他發現：姓氏字母愈接近的學生，彼此間的友誼愈容易形成。

伊寧（Yinin）等人（1977）則比較了在以色列的學生宿舍中，不同的互動量所造成的不同友誼之情況。在一些宿舍中，學生擁有自己專屬的設備，因而沒有多大的必要去與其他人接觸。而在其他宿舍中，廁所、浴室、廚房都是共用的，因此有高度的互動。互動的程度愈高，從生活單位中選擇朋友的比例也愈高。這也再一次地印證：是功能性距離——而非物理上距離——影響我們對朋友的選擇；也就是說，當人們愈容易經過我們面前時，我們就愈有可能跟他們成爲朋友。

此一模式不僅僅適用於青年。紐哈墨和勞登（Nehamow & Lawton, 1975）發現：居住在都市複合住宅區的老年人，其中有百分之八十八的友誼形成都是發生在相同的建築物中。

而且此一模式也不僅適用於友誼：愛情也會在親密的角落中萌芽開花。伯士德（Bossard, 1932）檢驗了於1931年，在同一城市中結婚的前五千對伴侶的住址；其中有超過一半的伴侶是居住在對方走幾步路就可以到達的地方。類似的研究也曾在對不同城市的伴侶上得到印證。在這個更具流動性的年代，我們或許可以試著再研究，是否同居的伴侶仍舊是來自同一個地區。

或許此一領域中最重要的一個研究是由杜士克和柯林斯（Deustch & Collins, 1951）所進行的；他們發現：當人們被分派到公共住宅，而未考慮彼此的種族時，許多跨種族的友誼在這些居民中漸漸地發展。這項研究似乎對於種族的和諧提供了一個方向。

## 例外

像費司廷格等人（1950）的研究，有一個問題是：他們研究的對象都是剛進新環境的一群具同質性的（類似的）團體。每個人的處境相同，很可能彼此合作。在這種情況下，友誼可能因爲接近性而形成。從另一方面來看，接近性並不會總是導致吸引，任何人看過電視影集《地獄來的鄰居》都會有同感。愛伯森（Ebbesen）等人（1976）則指出：我們許多人曾經歷過的情況——我們最喜歡的人住得很近，最討厭的卻也一樣近在咫尺。如果你最初覺得某個人很討厭，接近性往往讓你更討厭他／她。幸運的是，我們初次接觸的人大部分是中性或正面的，所以我們不會生活在不喜歡的人之周圍。

這項法則的第二項限制是：當我們太常碰見某些人時，我們或許會對他們太過頻繁的接觸感到厭煩。

## 接近性爲什麼重要？

兩人之間的物理或功能距離何以能夠預測友誼的形成？原因有下列幾點：

1. 熟悉度：許多研究學者相信，我們之所以會喜歡最常看到的人，是因為我們熟悉他們。材楊克（*Zajonc, 1968*）等人所做的數個研究都印證，某個人僅曝光（*mere exposure*）在我們身邊就足以使我們喜歡他/她。摩蘭和碧區（*Moreland & Beach, 1992*）曾安排一群容貌相似的女學生分別參加零次、五次、十次和十五次的研討會，然後請這些學生看彼此的照片，並評斷對照片人物的好感。結果發現：她們愈常看過照片中的人，她們對於對方的好感度會愈高。

2. 曝光：熟稔政治的人（政客或政治家）都知道所謂的曝光效應，並且會儘量讓他們的「大頭照」出現在媒體中。特別是在選舉造勢階段，因為他們知道，人們愈熟悉他們的臉孔和名字，愈有可能會把票投給他們。
3. 低成本：與定期見面的人互動，並不需要特別安排時間或經過重重關卡，本來就有較多更進一步認識對方的機會。我們愈常見到某個人，我們愈有機會發現雙方共有的興趣。
4. 持續互動的預期：當我們知道會定期遇見某些人，也無法避免他們（例如，在工作時），我們會比較努力去發掘這些人好的一面。我們會傾向誇大他們的優點，並儘量不去考慮他們的負面表現。由於對方也可能是這麼做，於是彼此的友誼變得容易建立。

5. 可預測性：一般而言，我們比較喜歡能夠預測環境的變化。當週遭人們的情緒、行為捉摸不定時，我們會感到緊張、焦慮與不舒服。反之，若我們可以預測他們的表現，自然會感到比較自在與安全。但人們的表現若是太容易預測，我們又會對這種友誼感到厭倦。

6. 符合演化的觀點：彭思譚（*Burnstein*）等人（*1994*）主張：就生存的觀點來看，受到熟悉的人物之吸引並避免不熟悉的人物是有道理的。經驗法則告訴我們：熟悉代表安全，而陌生卻可能導致災難。即使是小嬰兒，也比較喜歡看到熟悉的面孔。演化的觀點似乎指出：人類的基因引導我們對較熟稔的人有較多的喜愛。

## 相似性

「物以類聚」這一句俗語，含有相當程度的眞理。許多研究都指出：朋友在許多個人特質上傾向相似，包括年齡、對性的看法、婚姻狀態、道德觀點、人格特質、智力、態度與價值觀。我們不難發現，在同性友誼中，對偏好的活動、娛樂和興趣有相似性是非常重要的。

伯尼（Byrne）與其同僚進行了許多實驗室研究，要求受試者完成關於自己個人特質的問卷，然後給他們看另一個受試者的問卷答案，並要求受試者發表對這個人的看法和感覺。其實，所謂的「另一個受試者的問卷」是經過操弄，以調整受試者與杜撰人物之間的相似程度。從這些「杜撰受試者」的研究結果，伯尼（1971）提出**吸引法則**：吸引力與態度的相似程度，是直接的線性關係。

## 評論

伯尼的研究受到批評的地方主要在於缺少生態效度；即這些研究並未反映出人們在日常生活中評斷他人選擇朋友的方式。如同達克（1995）所指出：陌生人並不會有為你列出其態度的清單的習慣。在眞實生活中，對於自己所透露的，我們總是小心翼翼，也知道別人採取類似的態度。因此，我們必須努力才能發現對方是否與我們的態度類似。在我們發掘對方之其它特質的過程中，我們對這個人的喜歡程度也會受到該過程的影響；相同地，別人對我們也是一樣。達克主張：在評量別人對我們之吸引力的最初階段，並不是純粹彼此態度的吻合。而是雙方各自傳達自己想要揭露的部分。

對於伯尼的研究提出批評的是另一位學者穆斯坦（Murstein, 1976）。他指出：受試者並沒有獲得多少有關那個杜撰人物的資料，卻要藉著唯一的問卷答案來做出判斷，這樣的研究或許誇大了人們使用相似性來判斷他人的程度。

### 其它證據

然而，田野研究的確趨向於確認相似性的重要，特別是態度上的相似性。伯尼本身也從每日的生活情境中印證他的發現。他發現：銀行經理會對於態度類似的人，核准較寬大的貸款額；即使是白人至上主義者，也會對持有類似態度的黑人表現善意。肯代爾（Kendel, 1978）曾對年齡在 13 歲與 18 歲間，超過一千八百位的青少年，分析他們的友誼型態；他發現：「最好的」朋友無論在年齡、宗教、種族、家庭經濟等因素都相當類似，而且也有相同的休閒興趣。

## 相似性對不同的人際關係之影響

態度與價值的相似性對友誼的發展尤其重要，而一個人愈重視態度，態度對友伴的選擇愈具影響力。在上述肯代爾所做的研究中提到：雖然朋友對於藥物濫用這一項傾向有相似的態度，但是對父母和師長的態度則不一定相似。

研究「婚姻」的發現結果也不盡然一致。巴市（Buss，1985）發現已婚和訂婚的伴侶傾向會在智力、社會階級、態度、及諸如抽煙、喝酒的量等方面相近，而這些發現也已經被數個類似的研究證實過。然而，也有證據顯示：浪漫情懷有時候會壓過態度的差異。古德（Gold, 1984）等人印證：有時候愛情是「盲目的」。當男人獲得的印象是自己受到一位迷人女性的青睞時，他們傾向誤判她的態度與自己類似，就算事實並非如此。然而，這項在實驗室人工情境下進行的研究，並不具生態效度，也不能說明在各方面極端差異的兩人能否維持一段「持久」的浪漫關係。

不管如何，在流動性愈來愈高、文化也愈來愈多元化的社會中，相似性的重要性可能變得不像以前那麼重要。在西方世界中，異族間的婚姻正逐年增加。然而，流行小說中「差異極大的兩個人可以相愛，並永遠快樂地活著」的情節，並沒有反映在眞實生活中。證據顯示：最穩定的婚姻還是那些在各方面具有相似性的夫妻（Cattell & Nesselrode, 1967）。

## 相對吸引力的配對

在眞實生活中，可以預測人們傾向就外表吸引力的條件來配對；我們稱這個想法為**配對假說**（matching hypothesis）。儘管人工設計的研究並不全然支持這個假說（例如Walster等人的「盲目約會」研究），非實驗室的研究則一致顯示配對假說可以成立（例如：Feingold, 1988）。數個研究在新婚夫婦和約會情侶的外表吸引力這個項目中發現：在吸引力的等級上，每一對伴侶彼此都給對方打類似的分數。席弗曼（Silverman, 1971）進行的一項田野研究觀察到：在酒吧以及類似地方的情侶，如同預測，雙方對於彼此吸引力的評定會有相似的等級。的確，我們大多數的人回想最初的浪漫邂逅中，都會察覺到這一點。在舞會中，或許有一兩個長得令人驚爲天人，但倘若我們認爲自己的外表「普通」，我們可能會覺得花費心思跟對方交談根本只是浪費時間；或更糟，會吃到閉門羹。

也許更令人驚訝的是，「配對」同時適用於友誼和浪漫關係。在一項田野研究中，麥基利和瑞爾代（McKillip & Riedel, 1983）觀察眞實情境中（像酒吧）的伴侶，評量每一對的吸引力等級，然後再問他們是朋友或情侶。倘若他們是情侶的話，他們接下來則被問到他們的關係有多緊密。一般而言，朋友和情侶在外表吸引力上會彼此相配；至於較不明確的情侶──相較於相互承諾的情侶，會顯得不是那麼相配。

## 相似法則何時會有例外？

雖然吸引力與相似性之間的關係相當密切，但也有例外。

◇ 如果一個人的自尊非常低——即很不喜歡自己，那麼，對於那些跟自己很像的人，他們也不會喜歡（*Leonard, 1975*）。

◇ 在相當不確定或混亂的情況中，我們或許會比較想接近與我們不同的人，希望他們或許能夠為我們提供其它資訊以及不同的觀點。

◇ 接近性比相似性更為重要。紐康（*Newcomb, 1961*）在數個原創實驗中比較了接近性與相似性。他對學生說：如果他們願意接受房間分配，他們就可以免費使用設施。接下來，他又故意將態度、興趣、宗教、背景與讀書習慣等等截然不同的學生兩兩配對，成為室友。儘管有這些差異，他們大多能夠建立起堅固的友誼。雖然我們不太有可能會去找跟我們的興趣迥然不同的人做朋友，但是在接觸之後，與這些人相處愉快也很尋常。例如，在工作中我們若遇見比我們年長或年輕的人，或跟我們的態度與想法很不一樣的人，我們可能視之為對生活有不同的視野。

## 是相似性或差異產生具影響力？

要注意的的是：上述的研究所顯示的是相似度與友誼之間的相關性。如同第一章所討論到的，這不一定表示我們之所以受到某人的吸引，是因爲他／她跟我們具有相似性。羅森本（Rosenbaum, 1986）聲稱：社會心理學家高估了態度相似性在人際關係中扮演的角色。在他的**排斥假說**（repulsion hypothesis）中，他主張：我們並不必然會喜歡那些與我們有相似態度的人，但我們的確不喜歡那些與我們的態度有極大差異的人。他認爲：當我們選擇長期伴侶時，我們首先會剔除掉在態度上與我們迥然不同的人，接著再或多或少隨機地從剩下的人當中挑選。

實際上，研究並不支持唯有差異性才重要的想法。史密頓（Smeaton）等人（1989）使杜撰受試者的差異態度維持同樣的數目，但類似態度的數目則加以改變。他們發現：與排斥假說相反，類似態度的比例的確會造成影響。不管如何，羅森本的研究有價值的地方在於他把焦點放在態度的差異性上。證據確實指出：不同的態度確實比類似的態度具有稍高的作用。

伯尼等人（1986）指出：在他們的**比例假說**（proportional hypothesis）之兩階段過程中，第一階段與排斥假說相同，但第二階段則不同。他們提出：在我們遇見陌生人時，我們最初會拒絕那些與我們的態度迥然不同的人，接著再從剩下的人當中，挑選具有相似態度的人作朋友。

## 相似性爲什麼重要？

- ◇ 伯尼（*1971*）相當有說服力地辯稱：當這些與我們有一致態度的人讓我們感受到我們對這世界的觀感是正確、合理、並值得尊重時，穩固了我們自尊的基礎。從這個意義來看，與我們相似的人們即為我們提供了直接增強（*direct reinforcement*）。伯尼當然也預留了一些例外的空間——與類似的人相處有時也會感到厭煩，不會總是在增強。但一般而言，情況是如此。
- ◇ 很少有事物能像受到他人喜歡這種事那麼令人雀躍。因為我們傾向假定具有類似態度的人會喜歡我們，所以我們也喜歡他們。
- ◇ 從實際的角度來看，我們的確比較有機會遇見態度與興趣類似的人們。這些接觸通常都是正面的，因而提高友誼發展的機會。
- ◇ 與跟我們相似的人溝通較容易。與他們相處讓我們有融洽與歸屬的感覺。我們可以放鬆自己，並享受他們的陪伴。同時，我們也能預期未來的見面會愉快，而且不會有焦慮或衝突。

## 外表的吸引力

David Lodge的小說有一句名言，「好看的人註定要成爲天之驕子，並享受人生。」這一點幾乎無庸置疑——不管有多不公平，外表上具有吸引力確實會使一個人更受到歡迎。這不僅適用在性關係上，在友誼方面也適用。

在一項現在已成爲經典——儘管有些道德上的爭議——的研究中，瓦士得等人（1966）進行一項數量龐大的盲目約會實驗；其中，在一個傍晚，男女學生被隨機配對（除了男生必須比女生高這個條件之外）。在約會前，學生必須完成關於自己的興趣、態度與人格之問卷。四個不認識這些學生的評審也同時就他們的外表吸引力打分數。在約會中場休息時，男女生短暫地分開，並寫下對約會對象的評分。結果發現：興趣、智力、自尊與性格等因素，對評分並沒有多少作用，唯一能夠顯著影響給對方打分數的預測指標是外表吸引力（亦請見第九章）。

外表吸引力的效應是極普遍的。就算是年幼的孩童也會偏好外表上較具吸引力的同伴，並且會認爲不具吸引力的其他孩童不友善、具攻擊性（Dion & Berscheid, 1974）。老師在評判較好看與較不好看的學生時，也會認爲前者較聰明，儘管兩者的學業成績一樣。顯然，不是只有在好萊塢才會注重外表。

雖然好看的人通常較受歡迎，但太過美麗／英俊也有缺點。這些人的同性友人較少，並且容易被評斷爲愛慕虛榮、自我中心、及沒有同情心（Dermer & Thiel, 1975）。完美的情況是雖然極具吸引力，卻不是獨一無二。

## 外表吸引力爲什麼重要？

◇ 最明顯的理由（但不一定最重要）是令人驚為天人的臉孔與身材所引發的愉悅美感。

◇ 許多研究指出：我們會認為好看的人會比相貌平凡的人更為快樂、自信、聰明、溫暖、及具有自我實現的潛能。因此我們會假設，他們的生活比較刺激有趣。

◇ 當自己與富有魅力的夥伴有某種關聯，或被他們「選上」，就算不是情侶關係，我們也能夠獲得好名聲。我們也會假想好看漂亮的人具有影響力，這一點對我們也會有好處。

## 複習測驗

1. 爲什麼接近性對於建立關係很重要？請指出三個理由。

2. 試說明吸引力法則之意義爲何。

3. 伯尼進行了一系列「杜撰受試者」的研究。試說明爲什麼這些研究缺乏生態效度。

4. 在哪些麼情況下，相似性不會導致吸引力？請舉出兩個例子。

5. 我們已知外貌吸引力對於浪漫關係的發展上具有的重要性。請舉出一個這方面的研究，並對該研究做出評價。

6. 請列舉數個反對「異性相吸」之說法的心理學證據（譯註：此處的「異性」採廣義解釋，不單指「性別」）。

# 互惠式的喜歡

另一個影響我們受到他人吸引的因素是對方喜歡我們的程度。一般而言，我們會喜歡那些喜歡我們的人，討厭那些討厭我們的人。換言之，我們會回報別人對我們的感覺。

貝克曼和賽高德（Backman & Secord, 1959）發現：討論團體的成員若受到引導而相信某些成員喜歡他們，他們很有可能跟這些人在接續的會期中形成小團體。

認爲某個人喜歡你的信念，有**自證預言**（self-fulfillment prophecy）的作用，即致力於把信念轉換成眞實的情形。寇帝斯和米勒（Curtis & Miller，1986）曾灌輸參與者一些錯誤印象，讓他們相信參與討論的成員非常喜歡他們。相較於先前沒有受到「洗腦」的參與者，這些接收到對方善意的參與者會更常表示同意，暴露出更多隱私，以及一般會表現出更正面的態度。這就是自證預言的作用。相信別人喜歡你，會使得你對他們有正面的舉動；而這樣做又會使別人也喜歡你，並對你有正面的回應；接下來，又讓你更喜歡對方，導致他們喜歡你的這個信念變成了事實。

有趣的是，我們最喜歡的人是那些一開始並不喜歡我們，然後改變心意，喜歡上我們的人（所謂的失而復得的情況）。這些人，會比那些一直喜歡我們的人，更受到我們的歡迎（Aronson & Linder, 1965）。我們最不喜歡的人是那些一開始喜歡我們，後來卻討厭我們的人。

## 互惠式喜歡的條件與例外

當人們表達或指出喜歡我們時，我們並非是全然照單全收。

◇ 席格爾和阿朗生（*Sigall & Aronson, 1969*）發現：當男性參與者被引導相信一群女性對他們有興趣時，他們唯有在這些女性具吸引力時，才會回報自己的情感，在這些女性不具吸引力時則不會。

◇ 伯士基德和瓦士得（*1969*）指出：當某個喜歡我們的人，告訴我們一些並不符合我們的自我概念之看法時，我們是不會回報的。例如，如果克里斯說，「你真棒！外向又會找樂子！」可是，當你覺得自己的個性屬於內斂與害羞時，你就不會重視這個意見，並且會不喜歡克里斯這麼講。

## 互惠式的喜歡為什麼重要？

基本上，我們都喜歡被人喜歡的感覺，並覺得與對我們有負面評價的人建立關係，不會有什麼好處。被人喜歡的感覺能提高我們的自尊，使我們覺得受到重視，因此提供了正增強（有獎賞性）。

## 互補

文斯（Winch, 1958）主張：有些人之所以彼此吸引是因爲對方補足了自己所缺少的部分。例如，個性強勢的人或許會比較喜歡順從的伴侶；反之亦然。但從許多心理學家的研究調查中，卻找不到多少證據來支持這個「異性相吸」的一般看法（例如：O'Leary & Smith, 1991）。相似性法則遠比互補性適用，尤其在友誼方面。

然而，資源的互補性的確有可能在關係的後期扮演某種角色。如果一對伴侶具備不同的技巧，例如，克里斯精於裝飾與熨燙，而尼克則是一個專業的修車技工與廚師，則他們可以專注於自己的領域，並在對方不足之處相互依賴。儘管如此，還是沒有證據支持一段關係中人們的性格會彼此相異，也與關係的形成不相關。

## 才能

整體而言，我們比較喜歡具有社交社巧、聰明、及有能力的人。雖然我們會因外表而一開始受到吸引，但當關係逐漸進行時，智力或許會更重要。的確，如果一個人聰明的話，我們或許會因爲月暈效應（halo effect）而評斷他們的外貌也具有吸引力；例如，被評斷在某一項特徵是正面的人們，也會在其他特徵方面獲得正面的評價。這就是所謂的「美麗就是好」或「好就是美麗」的刻板印象。

一個關於無才能而少爲人研究的特殊領域，是關於那些讓人們感到厭煩的人。利萊等人（Leary et al., 1986）發現：有趣的參與者會被評斷爲比無趣的演講者更受到喜愛，認爲他們友善、熱誠，而且不是那麼沒人情味。

## 對才能的喜歡之例外

◇ 哈根和卡恩（*Hagen & Kahn, 1975*）發現：儘管男人在問卷中對具備才能的女人表現出較多的愛慕之意，事實上卻是另一回事。面對真正的女人，男人不再喜歡具備才能的女性。這項研究指出了研究過程中常常遇到的生態效度問題。根據諸如問卷等資料所獲得的結論，並不能夠完全反映出真實生活中的態度與意見。

◇ 還有所謂「太完美」的顧慮。我們大多數的人都可以體會，儘管我們喜歡傑出人士，但是他們若全然沒有弱點或缺陷，我們不禁又會感到火大。阿朗生和瓦契爾(*Aronson & Worchel, 1966*）設計了一套情節，讓一個非凡出衆的專家犯下一個不小心弄翻咖啡的小錯。結果那個人在人際關係上大有斬獲，這或許是因為他突然變得「也是凡人了」——即所謂的「滑一跤效應」(*pratfall effect*）。然而，當一個本來就不是那麼受歡迎的人犯了同樣的錯，他很有可能變得更不受歡迎。

## 才能爲何重要？

一般而言，具有社交技巧、有才能、聰明的人會因爲他們的特殊才華而令人們認爲跟他們在一起本身就具有報酬性。

## 複習測驗

1. 想像你將要建造一棟能夠容納四十個人的建築物。應該要考慮什麼因素，才能夠同時顧及私密性與人們能彼此見面的機會？

2. 記憶術是幫助我們記住事物的方法，而當我們試著記住一長串事物時，尤其有用。決定關係形成的重要因素包括了接近性（proximity）、相似性（similarity）、身體吸引力（physical attraction）、互惠式的喜歡（reciprocal liking）、互補（complementarity）、才能（competence）。試著根據字首來找出有用的記憶方法。

3. 何謂配對假說（matching hypothesis）？從下面的進一步建議讀物中找出Psychology Review的文獻，並想出一個相關性研究法來測試這個假說（相關法在第一章開始討論過）。確保你的研究合乎道德。

## 摘要

決定一段關係開始的主要因素有：

* 接近性——兩人居住或工作的地點愈近，彼此愈有可能互動、熟悉對方，因而愈有可能變成朋友或戀人。
* 相似性——兩個人愈相似——尤其在態度和興趣上，他們愈有可能形成一段關係。
* 身體吸引力——具備類似外貌的人容易配成一對。此一法則適用於友誼、以及性關係伴侶的選擇上。
* 互惠式的喜歡——我們喜歡那些喜歡我們的人，討厭那些不喜歡我們的人。
* 才能——我們喜歡那些具有才能與社交技巧的人，只要他們不要「太完美」。

心理學家曾提出：彼此非常不同的人，可能會因爲互補而彼此吸引，但從研究中所獲得的證據卻很薄弱。

## 進一步閱讀

*Brigham. J. C. (1991) Social Psychology (2nd edn), New York: HarperCollins.* 本書第八章含括了本章所討論的一些基本概念，並對於某些面向（例如吸引力）有更詳盡的介紹，並應用到日常的生活情境。

*Wadeley, A. (1996) Blind date research revisited*（重訪盲目約會研究），*Psychology Review 3 (1), 6-7.* 這是一篇針對瓦士德等人（*Walster et al., 1966*）的研究所寫的文章，含括了更近期的研究，並且對於進行研究的各種方法提出評論。

# Chapter 4

# 人際吸引力的理論

* 學習理論
* 社會交換理論
* 公平論
* 社會生物學

在第三章，我們瞭解了某些因素——尤其是接近性、相似性、及外表吸引力——對友誼與浪漫關係之形成的重要性。在這一章，我們將探討一些試圖解釋這些因素為什麼對此等關係之形成、維持、或破裂具有重要性的理論。

# 學習理論

克勞爾和伯尼（Clore & Byrne, 1970）在他們的**增強－情感理論**中（Reinforcement-affect theory）主張：**古典制約**（classical conditioning）與**操作制約**（operant conditioning）都有助於形成友誼與浪漫關係。古典制約涉及了經由連結（association）的學習，以致於中性的刺激會產生情緒性的反應。我們或許學習到把牙醫的鑽孔聲與害怕連結在一起，就算是聲音傷害不到我們。操作制約則涉及了經由後果的學習，以致於我們更願意做會受到獎勵的事情，以及較不願意做會受到懲罰的事情。

## 古典制約對喜歡所造成的效應

就古典制約的觀點來看，我們會喜歡能夠讓我們聯想到享受與滿足的人，儘管他們與這些正面經驗沒有關係。我們覺得那些在愉悅環境下見到的人——像是在鄰近酒吧定期見到的，會比那些在不愉悅情況下見到的人——像是在一系列無聊的會議見到的，來得更讓我們喜歡。維特克和葛列菲茲（Veitch & Griffith, 1976）的研究支持了這項看法。他們的研究印證了：相較於那些一起觀看悲慘事件的陌生人，人們對於一起觀看正面新聞報導且與之互動的陌生人，有較正面的評價。

許多類似的研究都驗證了：各種正面與負面的環境，諸如電影的悲喜或甚至燈光的強弱，都會影響我們對某人是否具有吸引力（Gouaux, 1971；Baron & Thomley, 1992）。所以，當我們下次準備一頓浪漫晚餐時，應該慎重考慮這些因素。

克勞爾和伯尼（1974）主張：當我們與其他人分享愉快的活動時，一種正面的情感反應會自心中油然而生；換言之，正面的情感增強了我們想與那些人相處的欲望。如果他們也享受這種經驗，正面的情感反應和想持續互動的欲望也會一樣。

## 操作制約對喜歡所造成的效應

操作制約解釋了以下事實：我們喜歡會獎賞我們的人，討厭那些會懲罰我們的人。獎賞包括了溫暖的陪伴和友善、助人、令人愉悅的性情。懲罰或許會以否定我們的價值觀之形式出現，或僅僅只是一種相當討人厭、無趣的陪伴。

## 應用「增強－情感理論」

我們能夠以部分的古典制約與部分的操作制約理論，來詮釋接近性、相似性與外表吸引力的效應。

接近性：當我們因為工作或居住環境而定期與人們互動時，正面輕鬆的互動以及進行社會性交換的機會非常多。相反地，如果互動是負面的，增強－情感理論也可以解釋鄰居間有時候會產生的極度反感。

相似性：當人們與我們相似時，他們會因為贊同我們的意見、價值觀，而為我們提供有力的獎賞—膨脹我們的自尊心。此外，我們也極有可能會跟這些擁有相同興趣的夥伴共享團體活動。相對地，我們發現與不同意我們想法的人相處，不會令人愉悅，因為他們可能批評我們的信念、挑戰我們的判斷，並進一步威脅到我們的自尊。

身體吸引力：外貌具吸引力的人們提供我們視覺美感的直接獎賞，以及因為我們被與這些好看的人連結在一起而引人羨慕的間接獎賞。

理論家也使用學習理論來解釋關係的變質。在早期的階段，獎賞可能包括了一段新鮮友誼所帶來的新意和趣味。而當所有事情進入「常軌」之後，熟悉度以及在熟人陪伴下的自由放鬆，就成了獎賞。友誼和浪漫關係所涉及的獎賞或許不同，但只要這些獎賞有增強作用，關係就會持續。當這些獎賞逐漸減少或停止之後，關係就會開始衰敗，這或許是因爲人們不再有有獲得報賞的經驗，諸如有趣的交談、溫暖的擁抱、令人愉快的黃昏散步，而開始把彼此的存在視爲理所當然。

## 評價

批評家指出：學習理論有若干限制，因而不能作爲關係之形成、維持與破裂的唯一解釋。

首先，有時候分享悲慘經驗會造成一種團結感，進而形成友誼的基礎（Kenrick & Johnson, 1979）。這個發現顯然與古典制約的原則牴觸，因爲我們不一定會厭惡我們在不愉快情況下遇見的人。在這些情況下，很有可能因爲在逆境中一起工作所得來的獎賞，促使友誼的形成。這樣的說法也強調，理論用於預測一段正面關係能否形成時，會遇到不少問題。因爲眞實生活的關係複雜多變，而對不同的個體而言，確定何者能夠增強並非易事。解釋操作制約和古典制約的相對重要性也不容易，因爲它們並不一定導致相同的結果。

第二，這個理論傾向把人的本性視爲自私，即人們只會投入那些對自身有利的關係，不論是直接的獎賞或社會性的好處。然而，如同亞蓋爾（Argyle, 1988）指出：在人們彼此眞誠關懷的親密關係中，僅僅只是看到對方獲得好處，本身就可以是一種獎賞。

第三，學習理論或許不能夠解釋所有形式的結合（bonding）。例如，希爾（Hill, 1970），一位研究跨世代家庭關係的學者，相信血緣的聯繫不是基於增強效應。譬如，認爲社會行爲有演化基礎的社會生物學家（於本章後將有描述），主張血緣的聯繫是基於一種天生、內建的傾向，而使我們會去支持、珍惜那些與我們有關的人，不論這些關係有多直接的酬賞成分。

第四，支持此一理論的證據絕大多數出自實驗室研究，像上面維特克和葛列菲茲（1976）的研究。這些類型的研究不太可能反映出日常生活的眞實情境中人們互動之複雜性。

儘管有上述這些限制與批評，學習理論取向的確可以解釋關係研究的一些重要發現。如同我們瞭解：它解釋了接近性、相似性和身體吸引力在影響關係之形成所扮演的重要角色。酬償的經驗有助於關係的鞏固，這一點也不容置疑；而當這些酬償減少或全部停止時，關係也較有可能遇到瓶頸。由於這個理論有其限制，因而出現了下面兩個我們即將討論的理論：社會交換理論與公平理論。

# 社會交換理論

**社會交換理論**（social exchange theory，簡稱SET）是人類行爲的經濟模型，有一個非常簡單的基本前提。它之所以有經濟色彩在於它提出了：關係是基於關係人之間，報償與代價的互換，而最令人滿意與最持久的關係涉及了以最低的代價換來最大的報償。這項法則適用於所有種類的關係：與上司、與老師、與朋友或與愛人。

這些年來，社會交換理論的中心想法歷經了不少修正與延伸。檢視這個理論最簡單的方法是討論影響關係滿意度的三個主要因素：利益、替代方案、以及投資。

## 利益

何曼斯（Homans，1961）認爲：在介入一段關係前，我們會衡量過去，並對現在與未來可能的報酬與代價作出估算；如果我們判斷這段關係有利，這段關係將會前進。相反地，如果我們預期將會有所損失，這段關係可能連開始的可能性都沒有。這項原則適用於兩方，因此關係必須互蒙其利（mutual beneficial）才能夠形成與存活。在經濟學中，利益或損失的計算是報酬減去代價。何曼斯（1961）對報酬的定義採廣義，包括任何覺得有價值的事物都算；因此報償或許包括了稱讚、逗趣的陪伴或實質的禮物。而代價也可能以任何形式出現，只要是任何使我們感覺不悅的事物，諸如爭吵、擾人的習慣或覺得被迫每晚都得煮飯。

總而言之，何斯曼的觀點是：我們會藉由分析利益與代價來計算損益，並會爲自己尋求最佳的結果一即以最少的代價獲得最大的利益。

研究證據顯示：在親密關係中，較多的報償與較長久的維持度息息相關。戀愛中的伴侶一開始若有許多報酬性的互動，則較不容易分手（Lloyd 等人，1984）。

沒有那麼直接明顯。依照魯斯伯（Rusbult，1983），一位分析親密關係中代價與報償的學者指出，在這一類關係的「蜜月」時期，代價所扮演的角色並不明顯。大約頭三個月，代價常被忽略，因此不會影響對關係的滿意度。只有在稍後的關係退燒階段，代價的角色才逐漸增加。如同這個理論所預測：在長期的同居關係中，不論是同性戀或異性戀伴侶，高報酬與低代價和最大的成就滿足感息息相關。

## 替代方案

席伯特和凱利（Thibaut & Kelly，1959）認爲：當我們計算一段關係是否有利與令人滿意時，我們不單是從實質的報酬和代價來看，也會藉由與其它的報酬、代價比較來衡量。我們使用兩個構面來評鑑：比較基準（comparison level），以及替代方案的比較基準（comparison level for alternatives）。

**比較基準**是我們認爲自己從關係中應該獲得的報酬量。這是根據社會規範以及個人的期望所衍生的標準。因此，我們的比較基準決定於我們過去在關係中的經驗，以及我們我們在其它關係中——包括電影與書本——看到而產生的期望。因爲我們常常經歷新的關係，因此比較基準也往往隨著時間而變。譬如，我們或許不能夠理解爲什麼瑪莉的丈夫每天工作後去pub玩，晚上十點後才回到家，她仍然對丈夫滿意、沒有怨言。但當我們發現：原來瑪莉的前任丈夫有暴力傾向、不想要小孩，現在的這個丈夫卻對養育小孩極爲熱衷，並在物質上能滿足瑪莉的需求，或許這就變得較容易理解些。類似地，我們較可能會喜歡一位嚴厲但公正的上司，倘若我們的前任老闆壞脾氣、不公正。

任何人的比較基準都與他們的自尊有緊密的關聯。高自尊的人對人際關係會有相對較高的比較基準——他們期望關係能夠提供高利益。相對地，低自尊的人會有較低的比較基準，容易屈就於極少利益、甚至是會帶來損失的關係，因爲他們相信／預期這是他們應得的。

**替代方案的比較基準**則是我們認爲從其他替代關係中須付出的代價和可獲得的報酬量。席伯特和凱利認爲，我們不能只考慮到獎賞與代價，也必須考慮其它條件下的可能性。所有的關係，特別是性關係，都會對其它關係造成影響與限制。如果我們在一群朋友身上花很多時間，就無可避免地限制了與其他朋友相處的時間；以及倘若我們跟某人有親密關係，通常的（並非不變）情況是我們不會再與其他人有性關係。傑克可能一直在一段關係中感到滿足、愉快，直到被一位新進的同事「電到」，才開始體驗到更強烈的蠢蠢激情。有人也指出：有些人之所以一直維持相當令人不滿的關係，是因爲他們相信選擇一個人過活可能會更糟。

正如同我們對某一關係中所許下的承諾量，會有一定的程度決定於替代方案一樣，承諾也會影響我們對替代方案的知覺。發展一段關係時，人們會逐漸地遠離其它有吸引力的選擇。辛普森等人（Simpson et al., 1990）發現：約會中的男女比較不會去注意到其他的異性。強森與魯斯伯（Johnson & Rusbult, 1989）安排一些已對別人許下高度承諾的人，與一個極具吸引力的異性，進行一項電腦約會。他們發現：這些人對可能危害到原有關係的潛在威脅特別貶抑。達克（Duck, 1994）認爲：現存關係的狀態有助於決定替代方案出現時的吸引力。他指出：客觀來看，總是會有其他潛在的對象，但我們只會在我們受夠了現存關係之後，才會去注意到他們。已對別人許下承諾的人比較不會對替代方案感興趣，並且視這些對象相對上較不具吸引力。

魯斯伯（1993）爲SET增加了另一個元素。他認爲人們選擇離開一段關係並放棄先前許下的承諾，不單是考慮這段關係的結果和其它的替代方案，也會視已經投入的投資量（amount of investment ）而定。一旦關係開始變得索然無味，我們或許會想要收拾一切，打包東西走人──但可沒那麼容易。我們已經在關係中投入了大量時間、努力與金錢。我們分享財物並有共同的朋友。最後，我們或許會放棄生涯計劃和其它的愛情，畢竟我們已經爲對方奉獻了「生命中的黃金時代」，而現在已經沒有精力再去爲另一個人瘋狂了。依照魯斯伯的看法，當投資愈多，許下的承諾就愈重，我們就愈有可能繼續留下。那麼，投資就不只是增加許下的承諾，也會穩定一段關係。

## 評價

我們已經注意到有幾個研究對這個模型給予支持。此外，其它的研究也顯示：這個模型能夠有效地預測一段婚前的愛情關係之維持度（Cate & Lloyd, 1992），並且可以解釋爲什麼人們會回到先前的受虐關係（Rusbult & Martz, 1995）。然而，這個取向還是受到一些限制與批評。

首先，大多數相關的研究都是著眼於短期的關係，樣本以學生爲主，忽略了結婚關係的族群。第二，這個模型並沒有說明人們在主動承諾一段關係時，所展現的個別差異。人們許下承諾的風格，有可能受到個人先前的經驗影響，而非僅僅考慮到報償與投資。

第三，當考慮到替代方案的比較基準時，潘尼頓（Pennington, 1986）指出：SET並沒有預測到當一段關係變得極度惡劣，以致一個人不顧一切——儘管沒有其它退路（替代方案）——並毅然決然離開的情況。潘尼頓認爲SET需要含括一般性期望（general expectation）的概念，才能夠指出人們希望從一段關係中獲得的最低門檻。換言之，它應該有一個特定的滿意基準，以作爲即使當人們沒有展開新關係的機會，卻仍舊會決定離開的關鍵。

第四，或許是SET最受到批評的：在許多的關係中——尤其是長期的性關係，人們並不會表現得像頭腦清楚的會計師，只想使他們的利益達到最大。在SET此一理論中，我們看不到墜入情網時的狂喜，以及失戀時的心碎。親密關係的開始與結束，向來以強烈的情感及豐富性、衝動性的行動著稱，但SET理論並沒有提及此一面向。如同伯士基德（Berscheid, 1983）指出，用心理算術的方式來看吸引力，雖然獲得了相當的注意，但相對地，單純地視受到吸引爲自然的情感卻沒有受到太大的注意。

然而，這個理論的確爲愛情以及其它關係（例如與朋友、與工作同事、或與鄰居）的過程中所投入的大量時間，提供了一個看似合理的解釋。儘管最終，有些心理學家還是全然拒絕這個取向，因爲這個取向所蘊含的一個概念是：人類關係中並不存在「眞正的」利他行爲。的確，很難相信所有的關係都不曾涉及到會爲了某人，而自願地奉獻自己。（例如，魯賓, 1973）。

## 公平理論

瓦士德等人所提出的**公平理論**（Equity theory, 1978）是社會交換（social exchange）如何在人際關係中運行的一個特定版本，源自於何曼斯（Homan, 1961）的社會交換理論。公平理論認爲：唯有在一段關係中所獲得的，反映了他們所投入的，人們才會認爲這一段關係是「公平的」並令人滿意。然而，公平是不能就「量」來計算的。如果一個伴侶認爲本身在一段關係中投入得較多，他/她就會認爲應該從那段關係中能獲得較多的報償。倘若結果不是如此，他/她就會覺得被剝削，或者感到被佔便宜。

因此，公平理論預測：一段關係中，不論是獲得回報較多的一方，或是獲得較少回饋的一方，都不可能會快樂。沒有獲得應得利益的一方可能會感到憤怒、怨恨、與受到剝削，而獲得過度利益的一方會覺得罪惡感

## 複習測驗

想像你是一位學生並擁有四個非常要好的朋友。在高中生涯告一段落之後，你和其他三位朋友必須離開家鄉到外地求學，而第四個朋友則在家鄉工作。大一上學期結束，你們在家鄉的一家pub團聚。就社會交換理論而言，現在在你的關係中，有哪些報償與代價已經改變？想想看你現在爲了要見到這些朋友而必須做的安排，你們談論的事情，你們分享的經驗。哪些代價增加，哪些又減少了？這些「舊」關係與現在新建立的其它關係如何不同？哪些地方變得更好？哪些變得更糟？（請考慮到過去情誼、新鮮感、以及熟悉度的價值）。

你的人生快轉到下一個階段。你們現在都認識了新朋友，有了愛情關係，你們其中一些人結了婚，有些則有了小孩。再一次，從代價和報償的觀點來看你與這些朋友的關係，有什麼地方可能會改變？有沒有可能提出一些建議——儘管是暫時性的，使得人們在此等情況下保持或中斷接觸？

與不舒服。然而，儘管兩種不平衡都不是最佳狀態，處在沒有獲得應得回報的一方顯然會比獲得較多回報的另一方更不滿（Hatfield等人，1982）。往往，人們寧願獲得超額的回報，也不願努力的成果只換來微薄的報酬，雖然前者自己也會覺得不安。

哈特菲爾等人（Hatfield et al., 1985）因此設計了Hatfield Global Measure以評量公平的基準。受試者被要求去評估他們在關係中所貢獻的和所獲得的，接著與他們的伴侶所貢獻的和所獲得的作比較，然後，說出他們是否覺得這段關係公平。研究證據支持公平理論。哈特菲爾等人（1972）詢問超過五百位戀愛中的大學生，並要他們判斷他們現在的戀愛關係是否平等。如同理論所預測，三個月後，處於不平等關係的學生戀人比較容易結束愛情關係。

公平理論有助於解釋配對假說（第三章）。配對假說的研究結果是：整體而言，人們會與那些吸引力相稱（不只是外表吸引力）的人，有更多發展成一段性關係的可能。外表吸引力彼此不相配的伴侶，會在性關係的其他重要特徵上平等。如果一個其貌不揚的老女人與一個年輕挺拔的年輕小夥子在一起，一般人難免不禁假想：一定是這個老女人在這段關係中提供了額外的東西，因爲表面上，這樣的「老少配」是不相稱的。

在關係的初期，公平似乎顯得格外重要。然而，只要關係有了良好的基礎，伴侶就會傾向比較信任對方的善意，並且不會那麼計較彼此相對的付出（Cate 等人, 1988）。

此外，男人與女人對不公平也有不同的態度與反應。哈特菲爾等人（1985）發現：一般而言，女人比較不喜歡獲得過多的報償，而男人對於在關係中獲得太少的回報則感到不舒服。這樣的結論或許反映了其它的研究證據：一般而言，男人比較在乎報酬，而女人則比較關心對方的福祉，尤其是那些她們關心的人。而仆林斯等人（Prins et al., 1992）則發現：處於不公平關係的女人──而非男人──比較可能有外遇，這可能是因爲她們想要平衡原本不公平的關係。

## 評估

就像社會交換理論，也有相當多的證據支持公平理論。然而，在數種情境下，公平性可能不會是唯一，甚至不會是主要的考慮因素。

首先，凱特等人（Cate et al., 1988）相信：能夠預測愛情關係中的滿意度是報償的絕對水準（absolute level of rewards），而非公平（fairness）。一般而言，我們從關係中接收到愈多美好的事物，我們在這段關係中的感覺愈好。對我們而言，諸如愛、地位與性滿足的報償，會比報償的公平互換更顯得重要。

第二，證據顯示，並不是所有的人對公平有相同的重視。公平當然對某些人來講是極度重要──這些具有高度**交換導向**（exchange orientation）的人，但這法則並不適用於所有人。布安克和凡皮藍（Buunk & VanYperen, 1991）相信：某些人──具有低度交換導向的人——眞的並不是那麼在乎公平。

第三，克拉克和米爾斯（Clark & Mills, 1979）主張：交換原則完全不能適用在浪漫關係上，因爲浪漫關係是共有的（communal）——戀人是藉由對彼此的需求做出反應來獲得滿足。依照這些理論家的看法，極度親密的關係涉及了無私的承諾，並能夠超越經濟層面的考慮。的確，克拉克和米爾斯（1979）所進行的研究指出：在關係初期的人們會把互惠的要求（the need to reciprocate）等作法，詮釋成對方對愛情並不感興趣。

第四，跨文化研究指出：儘管公平原則在某些社會中是關係的規範，那只不過是個人主義社會的一個特徵，並不適用於其它文化。伯曼等人（Berman et al., 1985）要求印地安學生和美國學生決定哪一個工作者應該獲得加薪，是需要加薪的員工，還是表現傑出的員工？美國學生傾向選擇表現傑出的員工作爲加薪的對象，就如同公平理論所預測的。然而，印地安學生則比較傾向依據以需求爲基礎來分派額外的資源。摩格哈丹等人（Moghaddam et al., 1993）認爲這樣的研究發現有兩個可能性。一個可能是在民不聊生的社會，需求是非常明顯可見，正義的規範會基於滿足這些需求，而非符合公平。另一個可能是印地安社會非常相互依賴，而美國文化則強調個人成就與獨立的重要性（個人主義關係）。在團體導向的印地安社會，規範或許就變成了資源是依據團體需求、而非個人公平來分派；在競爭性的美國社會，規範則相反。公平理論的基本問題就像此一領域的大多數其它研究一樣，在於研究樣本大多來自於在西方文化中薰陶長大的人們，因此，公平理論或許不適用於其它社會。

## 社會生物學

我們現在要從演化而非經濟學的角度，來解釋關係中，一個人爲什麼會選擇另一個人。不像先前的理論，演化取向並不會試圖解釋我們在所有關係中所做的選擇，而是想要了解人們在異性戀關係中所想要追求的是什麼。

**社會生物學**（Sociobiology）應用演化的原理來了解社會行爲。這個理論主張：所有動物的行爲歷經不斷的演化，目的在於使個體能夠把基因傳遞至下一代這件任務，有最大的可能性。就人類而言，這意味著男人與女人都不自覺地以能夠促成下一代的誕生與存活，而各自發展出行爲的特色。爲了達成這個目的，男性與女性有截然不同的求偶行爲（Trivers, 1972）。因爲男人可以——理論上——在很短的時間使衆多女性受孕，而如果性行爲沒有造成懷孕，男人也只不過浪費一些——可以再製造的——精子，所以對男人而言，不專情於一個女人並且不斷地尋找好的子女養育者，才能使傳宗接代達到最佳效果。一個女人，相較於男人，則必須投資相對上非常長的時間在懷孕上，因此對於選擇伴侶會顯得格外小心翼翼。所以她會忸怩作態，精挑細選一個能夠爲她和她的嬰兒提供照顧的男人，或許是一個已經建立起個人生涯事業，年紀較大的男人。

研究的確支持此一事實：男人傾向重視年輕貌美（被視爲懷孕可能性的指標），而女人則較偏好受較高教育以及擁有較高職業地位的成熟男人（被視爲有養家活口的能力）。例如，男人喜歡具明顯腰線的女人（腰部要比臀部小！），而這與懷孕的可能性有關（Singh, 1993）。巴斯（Buss, 1989），在一項對三十七種文化（在三十三個國家中）的大規模研究中，分析了超過一萬份的問卷結果，而問卷的內容要求受試者就性伴侶而言，評估選擇的因素，例如年齡、智力與社會地位。與社會生物學理論一致，結果發現：男人比女人更有可能重視身體的吸引力，而女人則比男人有較多的可能去重視經濟能力與職業地位。在所有的文化中，女性與男性都比較喜歡伴侶關係中，男性是較年老的一方。然而值得注意的是，人們在預估身體吸引力的重要性時（例如在問卷中）所顯示的性別差異，會比實際上與某個人互動時，所顯示的性別差異更大。

墜入情網時所涉及的強烈情感又是如何呢？肯力克和特魯斯（Kenrick & Trost, 1989）相信：熱情的愛是一種演化的內在機制，以確保彼此之間能夠有強烈的連結，並因而成就一個可以教養下一代的安全的家庭單位。這樣的理論或許比交換模式的客觀、冷靜計算，更能提供對浪漫愛情的合理解釋。

## 評估

我們看了一些支持社會生物學的證據；現在我們則要考慮社會生物學所面臨的質疑。一般而言，社會生物學取向的主要限制在於：使用後見之明來解釋幾乎所有的行爲。一個好理論的重要特質之一是可以用來預測未來，因此社會生物學會看來並沒有多少預測上的價值。因爲關於行爲會如何演化有太多的可能性，用社會生物學來預測未來因而變成不可能的任務。

另一項重要的缺失在於，用社會生物學來區分文化與演化極爲困難。儘管巴斯的努力，在異性戀者對伴侶的選擇研究中，在歷史與文化上有相當明顯的差異。例如，在過去，男人對年輕女性的喜好程度遠比今日高，而在傳統的社會中，此一現象也會比在現代社會中來得多（Glenn, 1989）。由於文化與演化難以區分，這意味著社會生物學將會持續地引起爭議。

更具體地說，並沒有多少證據顯示身體吸引力與懷孕潛能有直接的關聯。吸引力或許可以視爲年輕、健康的表徵，但並不是懷孕能力的主要指標。一個長相平庸的女人，跟長得漂亮的女人同樣具有良好的生育能力。其它特定的假說也很難眞正指出哪些女人具有哪些特徵，因而讓男人聯想到好的生育者。例如，卡寧罕（Cunnubghan, 1986）假設男人比較喜歡具有「可愛」特徵的女人，而這與嬰兒的特徵有關聯（像是大眼睛，小鼻子與小下巴）。

儘管社會生物學的研究大多是理論性，並引發了不少爭議，它的確也發揮了作用，提醒我們：人類關係具有重要的生物性功能，並且也滿足了此方面的基本需求，所以我們不應該全然地否決生物性在人際關係中所扮演的角色。

## 複習測驗

1. 從學習理論的觀點，想出兩個能夠在日常生活中，引起我們對他人產生正向關聯的因素，以及兩個會引起我們對剛認識的人產生負向關聯的因素。而正向與負向關聯會如何影響關係的形成？

2. 學習理論如何解釋接近性、相似性與身體吸引力對形成友誼的影響？

3. 就公平理論而言，關係中「回報過低」與「回報過高」意味著什麼？

4. 從社會生物學的觀點來看，哪些基本因素控制了身體與行爲的演化？一位社會生物學家會如何解釋男人與女人在尋求異性戀性關係所顯現的不同特徵？

# 摘要

* 運用在人際關係上的學習理論，是以有名的增強－情感理論爲基礎。透過古典制約，我們喜歡那些使我們可以聯想愉悅情境的人們，而比較不會受到那些與不愉快情境聯想在一起的人們之吸引。儘管這個理論有幾分道理存在，它的架構看來卻相當簡化，並不能夠對關係形成的雙向歷程提供足夠的解釋。
* 社會交換理論基本上是一種經濟學的理論。它認爲我們會去衡量關係中的利益與代價。當利益大於代價，關係會形成並持續下去；當蒙受損失時，關係可能就會瓦解。儘管有研究證據支持這個模式，它受到最基本的批評卻在於人們並不一定總是用理智來衡量得與失：人們有可能會去愛，卻不求回報。
* 公平理論是交換理論的一種形式，包含了對投資的考量。它認爲：人們期望能從他們的投資中回收到相稱的報償，因此付出愈多，也會期望獲得愈多。如果人們獲得太多或太少（尤其是後者），他們就會不滿足。然而，批評家也指出在幾種情況下，公平不會是唯一，甚至不會是決定滿足的主要因素。

* 社會生物學主張：行爲的演化目的，在於使我們傳遞基因的機會能夠獲得最大的可能性。在異性戀的關係中，男人會盡可能地藉由不停地與許多健康、具生殖能力的女性發生性行爲，以增加機會。因此，男人傾向於不維持一夫一妻制。女人則無法從隨便的約會中獲得好處，故對伴侶的選擇非常小心，只想找出會支持她們、提供她們需求的男性。社會生物學被批評之處在於過分強調演化的重要性，而忽略了文化的影響。雖然這個理論太過理論性，它也的確提醒了我們生物性功能在繁衍的基本過程中所施加的影響。

## 進一步閱讀

*Carwright, J.* (*1996*) *Choosing a mate*《選擇伴侶》, *Psychology Review 3* (*1*). 這篇文章討論了社會生物取向對伴侶選擇的觀點，並且探討外貌與基因好壞的相關程度。並且含括了對花花公子內頁圖片所做的有趣研究(或許你還會想要影印下來！)。

*David. S.* (*1990*) *Men as success objects and women as sex objects: a study of personal advertisements*《成功對象的男人與性對象的女人：對交友廣告的研究》, *Sex Roles 23* (*1/2*), *43-50*. 這篇文章也是採取社會生物學取向。我們在第九章會有更詳細的討論。

*Lippa, R.A.* (*1990*) *Introduction to Social Psychology*(社會心理學入門)。

*CA: Wadsworth*. 第十一章以一種相當簡單易懂的方式，討論了本章所介紹的所有理論。

# Chapter 5

# 關係的維持與過程

* 關係階段和過濾模型
* 對過濾和階段理論的評估

# 關係階段和過濾模型

關係有開始、過程，有時候也會有結束的時候。當考慮到關係的過程時，有不少社會科學家認爲：親密關係的發展會有固定的階段。**過濾理論**（Filter Theory）即是其中一種觀點。這個理論試圖以一系列階段的角度，來解釋如何篩選伴侶；而在這個過程中，選擇會持續減少。雖然這些理論過去主要應用在友誼上，下面所要討論的兩個過濾理論（一個爲Kerckhoff與Davis所提出；另一則是Mursterin所提出）主要是根據對約會伴侶所做的研究，其研究焦點也主要是放在長期伴侶——通常是婚姻伴侶——的選擇上。然而，並不是所有的階段理論都涉及過濾。本章所討論的第三個理論，即是其中之一：萊文傑（Levinger）的理論探討親密關係的生命週期中的各個階段。

## 科可夫和戴維斯：過濾理論

科可夫和戴維斯（Kerckhoff & Davis, 1962）提出：求愛期的人們會持續地縮小對象範圍，並且「過濾出」那些他們認爲較有可能進行親密交往的對象。在一項長達七個月的縱向研究的最初和結束時，科可夫和戴維斯會要求約會中的學生受試者完成問卷；而問卷的內容是關於家庭價值觀，以及他們自己與伴侶間需求互補的程度。需求互補是指需求能夠相互滿足，而達到相互契合的效果，例如，伴侶關係中有時候會出現操縱者與順從者的組合。

在這項研究的第二部分，這些伴侶則需對他們的關係進展加以評估：相較於七個月前，他們認爲形成長久關係有多少可能性，是更有可能、較不可能，還是沒有變化。

基於這項研究的結果，科可夫和戴維斯指出：在關係的初期，諸如階級、宗教和教育等社會變項會被當成過濾網，因爲人們會比較偏好具有類似屬性的人。而當關係更進一步時，價值觀的一致性則變得重要；到了最後，互補性的個人特質則成了決定因素。注意：如果伴侶間想要和諧相處，社會屬性與價值觀必須類似，而個人特質則必須互補。

許多人或許會感到驚訝，在關係初期時，性格特質並沒有被人們列入考慮。科可夫和戴維斯主張：在浪漫關係的初期，伴侶比較容易賦予對方理想、浪漫的形象。因爲如此霧裡看花、美好的幻想，往往使得伴侶較不願承認，或看不到彼此不相容之處。而當關係進一步發展時，更多的現實層面慢慢浮現，個性間的相容度便變成一個決定性的因素。

簡言之，過濾模型主張，在求愛關係的第一個階段，意見和態度的相似性是運作的過濾網；而在之後的階段（大約在十八個月後），心理上的相容度則是決定性的因素。而在這些較後面的階段，社會因素並無影響力；或許，這是因為大多數價值觀不一致的伴侶早就已經被過濾掉、淘汰了。

### 評估科可夫和戴維斯的模型

在這一章的最後，我們會整體評估階段模型；但就這個模型而言，有兩個特定的問題值得我們注意。首先，後來的學者無法就先前的研究結果加以重新複製、檢驗（Levinger 等人, 1970）。第二，我們選擇伴侶是以互補需求為基礎的說法令人懷疑。如同第四章所提到，儘管異性相吸的概念看似合理，這樣的看法並沒有獲得一般研究證據的支持（例如，O'Leary & Smith, 1991）。

## 穆斯坦：刺激-價值觀-角色(stimulus-value-role，SVR）模型

穆斯坦（Murstein, 1970 ）提出的過濾模型是**刺激-價值觀-角色（stimulus-value-role, SVR）模型**。此模型認為：親密伴侶的篩選有三個階段，而在每一個階段，都會有特定的考慮事項浮現，以便過濾並選擇是否要維持、加深或終結關係。

1. 在刺激階段（*stimulus stage*）時，我們會就身體屬性（*physical attributes*）來評估對方。如果任一方無法提供足夠的增強，就不會有任何更多的接觸。我們會決定對方是否具有吸引力，而如果我們不會「幻想」他們，我們就不會開啟那扇走進浪漫糾纏的門扉。人們通常是喜好類似年紀、外貌與相同膚色、種族的人。在刺激階段，伴侶間的互動並未懷著過濾的目的。
2. 在價值觀階段（*value stage*）時，我們會去評量彼此是否有相稱的價值觀與態度。重要的是在家庭生活、宗教、生涯規劃、性、今日社會的男女角色等方面上，是否有類似的態度。這個階段需要在言談間不斷的互動，以使得雙方能夠更進一步地檢視一些刺激變項，諸如身體吸引力與社交能力。

　　或許，有些伴侶的確是基於刺激與價值觀的相似度而結婚。但對大多數人而言，這樣並不足夠。對於後者這些人，如果他們至此仍能夠相稱，他們就會進行到下一個階段。

3. 在角色階段（*role stage*）時，伴侶會逐漸信賴對方，並了解到他們在配偶關係中的期許，以及彼此的「合適」角色。雖然角色本身或許具互補性質（你掃煙囪，我餵兔子），但在角色的態度這一點上則需要類似，關係才能夠和諧。

注意：雖然每一種因素——身體吸引力、價值觀、角色——在求愛時期都具有某種程度的影響力，但在每一個特定階段中，只有一種具有決定性的影響力。

## 評估穆斯坦的模型

史帝文（Stephen, 1985）對穆斯坦模型的批評，主要是著眼於，穆斯坦的模型就像其它的模型一樣，視配對爲一種相互篩選的過程，而非可以透過溝通而達成的結果。當伴侶意見相左，他們可能會討論、爭執、試圖影響對方，直到彼此找到一個可以接受的狀況，而非直接地結束關係。約會伴侶間現在的態度類似度，並不能夠保證他們永遠在那些方面類似。

儘管穆斯坦對這一點提出抗辯，史帝文仍然相當有力地主張：SVR 理論把價值觀、態度與信念視爲靜態的（沒有變化的）特徵，而非藉由人際溝通而產生或改變的動態實體。

## 萊文傑（Levinger）：階段理論模型

不像先前的兩個模型，萊文傑的模型並不討論我們選擇伴侶的歷程，而是把焦點放在當關係的親密水準發生變化時，進而發生的改變。這個模型包括了許多除了愛情以外的關係，諸如友誼，有可能涉及親密卻不一定是浪漫的。

萊文傑認爲一段親密關係的發展有五個可能的階段：

*A*— *acquaintance* 相識（吸引力）

*B*— *buildup* 建立

*C*— *continuation* 持續（強化）

*D*— *deterioration* 惡化（衰退）

*E*— *ending* 結束

**A—相識**　一段關係的開始往往是始之於人們相互吸引，而我們知道，吸引力大部分是出自於年齡、社會階級等因素的相似性。在浪漫關係初期的強烈吸引力是出自於情慾的、熱情的愛。而在特定的關係中（例如，一起工作的關係），相識階段有可能會無止境地持續下去。

**B—建立**　關係的建立涉及了漸增的相互依賴。在這個階段，伴侶逐漸增加自我揭露的部分，並且有相當程度與份量的社會交換，不論是愉悅或者令人不喜的。譬如，在親密關係的建立階段中，便涉及了負面的面向——例如爭吵與惹人厭的習慣，和報償性的面向——例如付出情感與交換禮物。

C－**持續**　一旦建立起相互的規範之後，關係或許就能夠進入持續階段。在這個階段，關係變得日益穩固，而彼此也會開始考慮是否該許下承諾，譬如結婚。在這種長期的關係中，伴侶融入彼此的生活，並形成許多緊密的連結。這個階段的不同之處在於，伴侶通常不會產生極度強烈的情感，像是得意洋洋或憤怒的反應。有可能這是因爲一旦關係進入穩定狀態，伴侶就會不自覺地把彼此的存在視爲理所當然。或許，唯有關係的基礎情感深受威脅時，才會有比較明顯的情緒反應。有可能，持續階段一直走下去，不然就有可能會開始走下坡。

D－**惡化**　關係不一定會走到惡化的階段，但的確有不少關係無法避免。萊文傑（1976）使用社會交換理論（於第四章討論）來預測一段關係是否會惡化。有幾個因素決定著關係是否會惡化：代價、報償、其它可能人選、以及障礙，都有可能是導致關係破裂的關鍵因素。然而，有時候關係破裂是與外在事件有關。

E－**結束**　如果代價增加，報償減少了，有其它吸引人的替代方案，而分手又不會很困難的話，關係的惡化就有可能導致最後階段的出現：結束。

萊文傑要我們注意的是：很少關係會完完全全地經歷所有五個階段。許多關係永遠處在相識階段，而大多數的關係在建立階段即結束了，如同我們大部分的友誼。

## 對過濾和階段理論的整體評估

階段理論的一個主要問題是，它們描繪了一種情境，在這種情境中，所有的關係都會沿著相同的線性方向進行。然而，階段與關係發展順序這兩者不一定具有普同性；每段關係，某種程度而言，都是獨一無二的。許多研究學者認爲，研究固定順序的階段理論所得到的支持證據，並不具說服力（例如Leigh等人，1987）。索拉和哈斯登（Surra & Huston, 1987）詢問結婚不久的夫妻他們的關係是如何發展，結果發現了很多不一樣的關係進展。布萊罕（Brehm, 1992）因此認爲，與其使用「階段」（stages），不如使用「時期」（phases）來描述關係於不同伴侶、不同時間的進展。

米艾爾和克羅罕（Miell & Crogham, 1996）則指出階段理論有幾個其它的缺點。首先，階段理論傾向把一段關係描繪成一個主動的人做選擇、做決定，而其決定歷程決定了另一個被動對象在關係中的發展。但實際情況是：關係中是兩個主動的人會進行討論、做決定並影響對方。一個相互影響的例子即是我們傾向與喜歡我們的人產生關係，而不是那些討厭我們的人。對方的行動並不是被動的，相反地，會牽動我們的反應，並且影響關係進一步發展的可能性。因爲，關係是互動的。

第二，現實生活中，各種類型的關係（尤其是友誼）有各種面貌與型態，以致這些模型所推演出來的概括化（generalisations）並不能正確地反映關係發展中的寬廣的變異性。

第三，這些理論所根據的研究之實驗步驟，是以受試者去完成人工化的任務爲實驗基礎，經常是受試者須完成冗長的問卷，所得出的答案，信度令人質疑，因而對於我們了解眞實生活的複雜性並沒有多大的幫助。

此外，達克（Duck, 1992）認爲過濾理論太強調思考（thought）在選擇歷程所扮演的角色，而忽略了其它歷程的影響，譬如每日互動，就會影響我們對其他人的感覺。儘管我們因爲人們的外貌而愛慕他們，並且同意他們的態度與價值觀，他們也有可能會因爲早餐時講個不停，或者從來不把牛奶放回冰箱中而惹惱我們。

從正面的觀點視之，儘管階段理論的觀點把人際關係看得太僵化——畢竟，人際關係實際上並沒有那麼線性與可預期性，但階段理論的確爲我們提出了一個架構，容許我們探索眞實關係的複雜空間。階段理論對於許多可驗證的假說也相當有用，尤其是當這些假說想要探索在關係的生命週期的不同時間中，各種具有影響力的變項。

## 複習測驗

1. 畫出你自己的流程圖，標明在科可夫與戴維斯及穆斯坦的模型中不同的過濾網或階段。
2. 在你畫完之後，試著就每一種情況，想出一個日常生活中的例子（例如，在穆斯坦的模型中的「刺激」階段，你可能會因爲對方太高／矮而拒絕他／她，或者因爲對方金髮碧眼──或者你喜歡的其它特徵──而願意進入下一個階段）。
3. 針對萊文傑的 ABCDE 模型畫一個類似的流程圖，並在每一個流程的框架中放入代表性的字母與單字，然後就每一個階段所含括的，寫下簡短的摘要。

## 摘要

* 關係的階段理論認為關係會歷經形成、成長或破裂等不同的階段。過濾理論即是一種類型的階段理論，它所關心的是我們在尋找伴侶時，選擇性地過濾對象的方式。
* 科可夫和戴維斯的過濾理論認為：在求愛期，我們首先會以意見與態度為基礎去選擇對象（通常是與我們相似的），然後是互補性的人格特質。
* 穆斯坦的刺激－價值觀－角色理論認為：當我們在選擇親密伴侶時，我們首先會基於生理屬性（刺激）去選擇，然後是態度與意見（價值觀），最後是就我們能否對於在伴侶關係中的角色扮演有一致的看法。
* 萊文傑的階段理論模型提出：在親密關係（包括愛情與友情）的過程中，有五個可能的階段。分別是：A－相識 acquaintance，B－建立 buildup，C－持續 continuation，D－惡化 deterioration，E－結束 ending。
* 階段理論有幾個問題，主要的問題在於它們太沒有彈性——並非所有的關係都是依照相同的順序，歷經相同的階段。

## 進一步閱讀

（在大多數的教科書中，對於本章所討論的理論並沒有做深入的討論，所以此處只選原作者的期刊文章作為參考資料。）

Kerckhoff, A.C. and Davis, K.E.（1962）*Value consensus and need complementarity in mate selection*《伴侶篩選中的價值觀一致性與需求互補》, *American Sociological Review* 27（3）,295-303

Lippa, R.A.（1990）*Introduction to Social Psychology*《社會心理學入門》, Wadsworth. Chapter 11（p.397）討論到吸引力的階段模型，尤其是穆斯坦的刺激-價值觀-角色模型理論。

Murstein, B. I.（1970）*Stimulus-value-role: a theory of marital choice*《刺激-價值觀-角色：一個關於婚姻選擇的理論》, *Journal of Marriage and the Family*, 32, 465-481

# Chapter 6

# 關係的破裂

* 關係中的衝突
* 達克：關係破裂模型
* 魯斯伯特與詹伯特：對關係不滿的反應模型
* 總結評論

佛若姆曾經警告我們，「幾乎沒有任何活動、或任何事業，能夠以如此強大的希望與期待開展，卻又難逃前仆後繼失敗的命運，那就是愛」(1956, 於Sternberg & Barnes, 1988, p.38）。如同西方國家中不斷向上攀升的離婚率赤裸裸地顯示，許多愛情難免走到盡頭，而其它的伴侶關係也是無可避免。因此，這幾年對關係的研究也開始把重心從先前對關係形成的研究，轉移到涉及關係破裂的可能因素。

某種程度而言，所有的關係都是獨一無二，而每一段關係的破裂也各有不同的特色與原因。然而，我們還是可以勾勒出，在大多數的關係破裂中最常見的特徵。在這一章，我們首先要探討關係中的衝突，然後是兩個關係破裂的模型，其中一個提出了關係破裂中所涉及的時期，另一個則探討了當人們對關係不滿時，所表達、反應的各種方式。

## 關係中的衝突

我們都知道意見不合與爭論的情況，我們也或多或少經歷過被他人惹怒的情形。這些情況導因於人際衝突，也可以說是因爲一個人的行動與他人的行動有所衝突而產生（Peterson, 1983）。在人際關係中，衝突是無可避免的，並且有可能會隨著兩人變得更相互依賴而提高其可能性。因此關係愈密切，衝突愈有潛在的爆發能量。

朋友、鄰居、工作夥伴、父母與小孩、結婚與同居伴侶，都可能會有爭論，但大多數的研究主要把焦點放在異性戀伴侶的衝突經驗。這或許是因爲當人們住在一起，他們的生活緊密糾纏，以致於衝突常有爆發的機會。然而考慮到友誼跟家庭關係對我們許多人的生活是多麼重要時，我們就會覺得衝突是件多麼不好的經驗。

衝突的來源各有不同：幾乎所有的事情都能成爲爭吵的導火線。在金錢、性、忌妒、家事分配等方面的爭論，都有可能使得原本相敬如賓的親密伴侶轉變成相敬如冰的仇家（Kurdek,1994）。布萊克和凱利（Braiker & Kelly, 1979）把人際衝突中的主要潛在導因分成三種類型：

◇ 因特定行為而引起的衝突：「你從來不把腳洗乾淨」；「你沒送過我一張生日卡」；「你遲到了」。
◇ 因規範與角色而引起的衝突：「你應該在這一點支持我」。
◇ 因個性而引起的衝突：「你懶惰又不體貼」；「你只擔心最不重要的瑣碎小事」；「你揮霍無度」。

## 親密關係中的行爲歸因

惱人行爲被詮釋的方式會對衝突能否成功化解有重大的影響。假設有一個人忘記買一條土司回家，這樣的情形可以詮釋爲因爲某個情況引起的小過錯，譬如因爲心思被其它事情所佔據。也可能被歸因成在人格上有重大的負面缺陷；例如，那個無賴是個自私、不體貼又懶惰的傢伙。相同地，正面的行爲——譬如擁抱或禮物——能夠以負面的方式歸因（他／她心懷不軌），也能夠以正面的方式歸因（他／她眞是一往情深）。

布來利和芬欽（Bradbury & Fincham, 1990）調查了快樂和不快樂伴侶所做的**歸因**（行爲的原因歸屬）模式。他們認爲：快樂伴侶和不快樂伴侶在看待另一方的行爲時，有非常不同的表現。基本上，不快樂的伴侶傾向以一種非常負面的觀感來看待另一半的行爲，甚至當行爲本身是他們一般而言也會喜歡時亦然（譬如，對方稱讚自己看起來神采奕奕），而這樣的態度，導致或增加了關係中的不滿。相對地，快樂的伴侶則以一種正面的角度來看待對方的行爲，甚至他們不會特別喜歡這種行爲時亦然，而這樣的態度有助於提高關係的層次。表一說明了這些情形。

基本上而言，不快樂的伴侶視任何令人不悅的行爲是：

◇ 個人特徵（內在的）
◇ 長期的（穩定的）
◇ 可運用到關係的其他領域（普遍性的）

相對地，討人喜歡的行爲則視爲：

◇ 環境所引起的（外在的）
◇ 那個人的反常行為（不穩定的）
◇ 僅可以適用於某個特殊情況（特定的）

快樂的伴侶則以完全相反的方式反應。他們視令人不悅的行爲是：

◇ 情境的（外在的）
◇ 短暫的（不穩定的）
◇ 不能夠適用於關係的其它領域（特定的）

討人喜歡的行爲則視爲：

◇ 個人特徵（內在的）
◇ 有可能會再發生（穩定的）
◇ 可運用到關係的其它領域（普遍性的）

圖一：使用於快樂與不快樂關係中的歸因模式

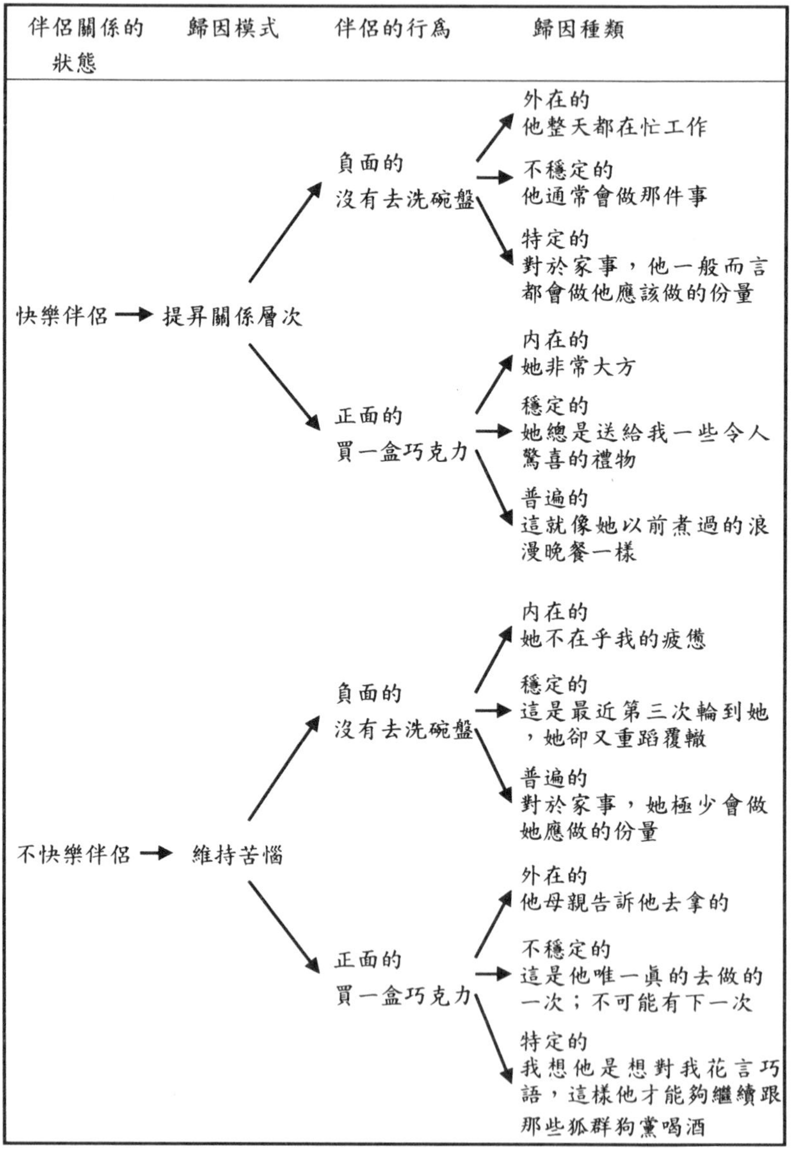

這一類型的研究焦點在於：當我們試圖解決爭執時，不只需要仔細想想別人如何看待這樣的情況，也要想想是否我們的歸因模式（關於一個人爲什麼會如此行動的假定）就是讓苦惱繼續下去、或提高關係層次的因素。

## 衝突的正面效應

一般而言，我們會認爲衝突是人際關係的一項負面元素。但是，如同達克（Duck, 1992）與其他學者指出：衝突也可以有正面意義，因爲衝突也提供一個機會，使得彼此有機會澄清自己的看法，並且討論雙方在關係中所扮演的角色。在關係初期的戀愛伴侶若是能夠找出爭議性的問題，並試圖面對，則比較不會在往後的關係發展中，因爲這些議題引起嚴重的爭執。

### 複習測驗

1. 從你自己的關係中，找出爭執的來源。在每一種爭執中，各想出一個例子，例如：
   - 因特定行爲而引起的衝突
   - 因規範與角色而引起的衝突
   - 因個性而引起的衝突
2. 分別想一個正面與負面的行爲（不要使用上面用到的例子）。使用布來利和芬欽的歸因模型，並想想看快樂夫妻與不快樂夫妻可能會如何詮釋這些行爲。

## 達克：關係破裂模型

達克（Duck, 1982）認爲：關係破裂不單純只是單一事件，而是一個歷程，以一種系統化的方式歷經醞釀、變化而發生。他認爲：關係的破裂涉及了四個不同的時期，而在每一個時期蠢蠢欲動的原因，都是因爲不滿的臨界點面臨爆發。圖二顯示了這個模型。

圖二 關係破裂的各個時期

| 破裂狀態與界線 | 當事人關注的焦點 | 修復的焦點 |
| --- | --- | --- |
| 1. 故障：對關係不滿 | 關係歷程；情感上和／或生理滿足 | 考量自己在關係中的價值；互動的歷程 |
| 界線：我再也不能夠忍受這一點了。 | | |
| 2. 內心孤寂時期：對伴侶不滿 | 伴侶的「錯誤與舉止失當」；關係的其它替代方案；與其他伴侶的關係 | 自己對伴侶的觀感 |
| 界線：我有理由脫離關係。 | | |
| 3. 兩人談判時期：與伴侶對質 | 關係的重新定義：爭執；清除猜疑 | 對未來的最適關係之信念 |
| 界線：警告你，我是認真的！ | | |
| 4. 社交階段：向親友傾訴苦水 | 從別人身上獲得支持與協助；讓別人瞭解你對問題的看法；獲得社交支持，有人出面斡旋，改正問題根源，或結束關係 | 不是：雙方仍能在一起（時期一）<br>就是：保留一些面子 |
| 界線：現在已經無法挽回了。 | | |
| 5. 殘局修整時期：收拾殘局，走出陰影 | 自我脫罪；兜售自己對關係如何破裂、又是因什麼而起的說法 | |

## 內心孤寂時期（Intrapsychic phase）：把重心放在伴侶上

內在孤寂時期的開始，是當「我再也無法忍受了」這個門檻即將被跨過之際。伴侶單方或雙方對關係不滿，並在關係中忍受了很長的時間。在這個階段，不滿的一方並不會對伴侶說出自己心中的想法，而對方又很可能沒有察覺到問題的存在。這樣的不滿不是藏在心裡，就是只與一兩個親密友人分擔。

## 兩人談判時期（Dyadic phase）：把重心放在關係上

當即將要跨過「我離開是無罪的」這個門檻時，也就是兩人談判時期的開始。如果關係不是正式的，分手可能會藉由一種含蓄的方式來處理。我們大多數都曾看過、聽過某一方說些「我會與你聯絡」，「我會打電話給你」，甚或更含糊的話，「下次有機會再見」。然而在涉及婚姻與同居的關係中，不滿的一方有當面告訴伴侶的必要。伴侶間因此開始有所討論，以便修補，或進一步搞糟彼此的關係。

## 社交時期（Social phase）：公諸於世

如果溝通協商仍起不了作用，導致終於有一方說出了「我警告你，我是認眞的！」關係的破裂則進入了社交時期。現在，不滿與破裂已公諸於世，雙方都會向第三者吐露心聲，爭取他們的支持。然而，關係仍舊有獲得修補的可能性；有些案例，雙方或許會去尋求外界的幫助（一個「斡旋小組」），希望對方能夠聽聽自己的版本與詮釋。然而，倘若關係確切已經走到盡頭，雙方則會公然說出自己對這段關係的版本，以讓自己看來並不完全是做錯事的那一方。在這個時期與下一個殘局修整時期，到處吐苦水的動作會讓自己合理化過去自己的行爲，並且會對自己再度回到單身身分所需的緩衝，有相當的幫助。

## 殘局修整時期（Grave-dressing phase）：收拾殘局

隨著「現在怎樣作都無法挽回」的想法出現，最後的殘局修整時期也悄然登場。如同達克（1992）所說：

> 一旦關係已死，我們必須要「妥善地」埋葬它

一墓誌銘上寫著它如何開始，它的過程，以及死亡原因。我們必須賦予這段關係我們的歷史詮釋，彷彿我們期待著，當某個毫不相關的人看到墓碑上的文字時，能夠表達認同與接受。

（頁 97）

殘局修整（與社交）時期最重要的一個面向在於我們如何脫離關係，卻不至於傷害我們自己的名聲。達克以 La Gaipa（1982）的作品爲例，認爲當一段關係結束，我們會藉著儘量不去責怪自己，以確保我們的「社交信用」（social credit）沒有受到損害。我們責怪的，不是關係前就已經存在的問題，就是外在的環境，我們的伴侶，或是這些因素的組合。這個階段所會作的一些典型評論就如同：「我眞得什麼都試了，但不管她怎麼說，我就是知道她的確還沒有忘記那個叫蓋瑞的傢伙。我一點機會都沒有」；「他從不待在家裡，總是在 pub 鬼混，小孩都是我在帶—這樣還叫做生活嗎？」而不會做的評論如：「我基本上是隻自私的豬。我從來都不在乎他，而當新鮮感一旦褪去，我就幻想在別人的床上試看看。我眞的認爲不該那麼重視一夫一妻制。」不用說，這樣的說法必然嚴重損傷開創一段新關係所需要的「信用」。

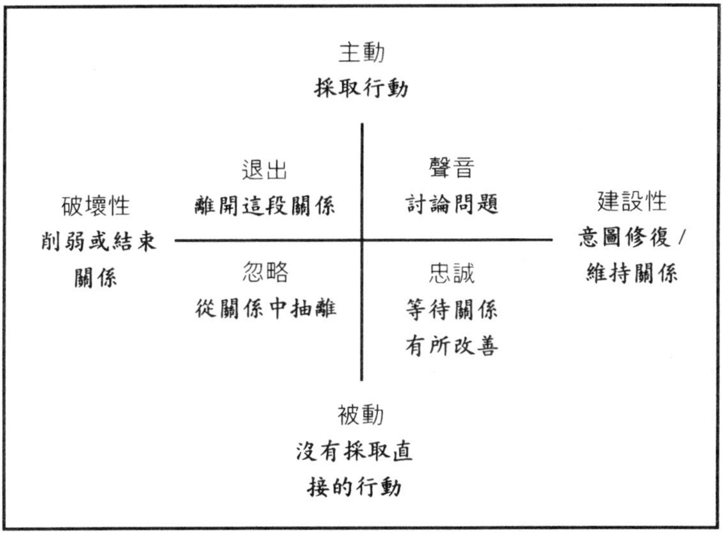


**圖三　對關係不滿的反應**

來源：Rusbult & Zembrodt, 1983

## 評論達克的模型

達克的模型對於關係的修復有一些實際上的幫助，並且可以提供在關係仍可修補時，所要發展新的相處模式的一些策略（Duck, 1994）。他認爲：在某些時期，有些行爲會較其它行爲，更能夠把事情做對。例如，在內心孤寂時期，修復的方向應該是朝著重新回憶伴侶的正面特質、而非執著於負面的事件，重新建立對伴侶的感情。在社交時期，在關係外的人們（斡旋小組）則需要決定是否要建議雙方試著再去修復關係，或者結束關係會比較好，才不會造成兩敗俱傷的局面。

先前的研究（前幾章所討論的）主要是把焦點放在關係如何形成。儘管社會交換理論、公平理論等理論也可以解釋關係爲何會破裂，以及該怎樣去修復，這些理論卻因爲主要把焦點放在關係的最初期——在這個時候，彼此的一切相對來說都看似美好——而不能突破應用的範疇。而達克的模型雖然沒有試圖去提供關係故障的理由，但從它的實際應用來看，它的確突顯了關係的破裂與修復等過程是緊密相關的。

## 魯斯伯特與詹伯特：對關係不滿的反應模型

魯斯伯特與詹伯特（Rusbult & Zembrodt, 1983）的模型在設計上是用以區分，當一段關係變得令人不滿時，人們各種不同的反應。這是一個相當具普遍性的模型，即適用於所有類型的關係，包括雇主—員工關係中的不滿（Rusbult 等人, 1988），但我們在這裡所要考慮的是它是如何運用在浪漫關係上。

依照這個模型，對於關係不滿會有四種主要的反應，而這四種反應隨著兩個主軸而變化：主動或被動，與建設性或破壞性。圖三說明了這個模型。

◇ 聲音（*voice*）：一個主動、建設性的反應。從字義上來看，使用聲音反應的人即是大聲地說出他們的心聲，通常是為了想要改善情況。使用的策略包括建議妥協、尋求協助或改變自己、他們的伴侶或雙方。

◇ 忠誠（*loyalty*）：一個被動、建設性的反應。忠誠反應本質上是支持性的，個人雖然被動卻也樂觀地等待事情有所改善。諸如「我會再給這段關係一些時間」、「我會試著原諒與忘記」的態度，都是落在這個象限內。

◇ 忽略（*neglect*）：一個被動、破壞性的反應。忽略反應指拒絕處理問題，因此放手讓情況因為缺乏努力而持續惡化。人們或許會拒絕討論問題，花較少的時間與伴侶相處，並且常常背著他們，向別人批評他們。

◇ 退出（*exit*）：一種主動、破壞性的反應。退出反應指全然地脫離關係。反應包括搬離一起建立的家庭，並且尋求離婚。

## 評論魯斯伯特與詹伯特的模型

這個模型不只是描述性，對於反應的選擇與關係環境之間的關連，曾進行過相當多的研究。魯斯伯特等人（1982）所做的一些研究發現如下：

◇ 相較於男人，女人較會使用聲音。
◇ 教育程度較好的人較會使用聲音，而沒有受那麼多教育的人則傾向以忠誠或忽略的態度來回應。
◇ 如果有很多其它的替代方案，反應則比較可能主動（退出或聲音），而非被動（忠誠或忽略）。
◇ 如果這段關係曾經相當令人滿意，已經投資很多時間、精力，並且沒有多少適合的其它選擇，反應可能採建設性（聲音或忠誠）。
◇ 當關係令人非常不滿，投資量不多，而又有合理的替代方案時，最有可能的反應是退出。
◇ 當關係的問題被認為相對上不重要，而替代方案不多或者曾投入很多時間、精力，那麼最有可能的反應是忠誠。

最後的三個發現是社會交換理論與公平理論會預測到的結果（見第四章），並且延伸了這些理論的想法，以顯示人們在一段關係中對問題的不同反應方式。

從負面來看，如同達克所評論（1988），儘管這個模型衍生出許多有用的資訊，尤其是對關係不滿的反應中之性別與人口統計上的差異（社會中各種團體的人們之差異），它並沒有告訴我們關係破裂時的分裂與挽回過程。

雖然如此，這個模型爲我們提供了不滿關係的症狀，然而是否這些反應的模式也是問題的原因，這個模型並沒有說明清楚。

## 總結評論

達克（1982）指出：我們在研究關係破裂時，會出現一些特定的問題。雖然可以在問題變得明顯時研究關係的變化，但我們並不會這麼做，因爲這樣做反而可能會改變事件的發展，並且可能會加速在相同情況下不會發生的破裂。因此，大部分的破裂關係是以回顧性的方式來研究（在事件之後），意味著眞實發生的，並非總是能正確地紀錄下來。因此，在最早期的階段，不滿往往很可能未說出來（達克，1982）。

關係的破裂常常是相當令人沮喪的經驗。達克（1992）在整理許多研究之後，發現：相較於其他類似

## 複習測驗

1. 依照布來利和芬欽（1990）的理論，快樂伴侶會對令人不悅的行爲做何種歸因？這樣的歸因與不快樂伴侶對相同行爲所做的歸因有什麼不同？

2. 想像你現在與一位工作同事的關係並不太好。試使用魯斯伯特與詹伯特的模型，並且想想與下列行爲相稱的反應：聲音，忽略，忠誠，退出。

3. 選出與時期相配合的界線：

| | | | |
|---|---|---|---|
| (a) | 兩人談判時期 | I | 現在做什麼都是無可避免了。 |
| (b) | 殘局修整時期 | II | 我警告你，我是認眞的！ |
| (c) | 內心孤寂時期 | III | 我抽身是無罪的。 |
| (d) | 社交時期 | IV | 我再也無法忍受了。 |

4. 選出每個象限所會有的反應：

| | | |
|---|---|---|
| * 聲音 | I | 主動 - 破壞性 |
| * 忽略 | II | 主動 - 建設性 |
| * 忠誠 | III | 被動 - 破壞性 |
| * 退出 | IV | 被動 - 建設性 |

年紀與性別的人們，處於破裂關係中的人們往往承受更嚴重的憂鬱症、心臟冠狀動脈疾病，並且有較低程度的自尊。然而，認爲如此經驗總是負面的假說現在已經受到挑戰，並且有愈來愈多的人認爲離開一段關係可以是一種非常解放的經驗。現在，關係破裂不一定會是不尋常或不名譽的事件，而關係的破裂與彌補則逐漸地變成關係研究的一個焦點。

## 摘要

* 衝突在關係中是無可避免的，並且有可能在兩個人更加相互依賴時，出現得更加頻繁。令人厭煩的行爲如何被詮釋，會影響到能否成功地解決衝突。布來利和芬欽（1990）使用一個模型，用來描述這樣的想法是如何出現在快樂與不快樂的婚姻伴侶中。達克認爲：當成功化解衝突或達成協議時，伴侶能夠增進對彼此的了解，並且提昇關係。
* 達克的關係破裂模型認爲關係破裂會歷經四個時期。內心孤寂時期的開展，是當伴侶單方或雙方感受到再也無法忍受。兩人談判時期的到來則是當我們感覺到抽身離開這段關係是無罪

的、應該的。社交時期則涉及了把兩人談判時期的感覺公開，並藉由尋求外界的介入，來把事情做對。在殘局修整時期，在關係結束時，雙方各會以一種不會危害到自己發展新關係的機會之方式，以自己的版本公開說明這段關係破裂的原因。

* 魯斯伯特與詹伯特提出對關係不滿而產生的反應模型，認爲人們會使用四種行爲來應付對關係的不滿：聲音、忽略、忠誠與退出。

## 進一步閱讀

*Duck, S. (1992) Human Relationships*《人類關係》(*2nd edn*), *London: Sage*. 第三章對他自己的理論有詳盡的描述，並且討論到處理關係破裂時可以使用的不同方法，以及這個模型與如何與「把事情作對」有關。

*Lippa, R.A. (1990) Introduction to Social Psychology*《社會心理學入門》, *CA: Wadsworth*. 第十一章以一種非常容易了解的方式介紹了魯斯伯特與詹伯特的模型。

*McGhee, P.M. (1996) Make or break? The*

*Psychology of relationship Dissatisfaction And Breakdown*《和解或分手？關係不滿與破裂之心理學》, *Psychology Review 2*（4）, 27-30. 這篇文章討論了本章（以及其它章節）所含括的模型，以及處理關係破裂的方法論。它也考慮到關係破裂與影響未來發展的正面與負面因素。

# Chapter 7

# 關係的成分與效應

* 關係的成分：自我揭露
* 關係的成分：規則
* 關係的成分：權力
* 健康與快樂

通常，我們會涉入某一類型的關係中，這或許因爲我們著迷於關係中所發生的種種事物，尤其是性關係。在這一點，有非常多有趣的層面可以探究，在這一章中，我們將檢視其中的一些。我們首先要探討人們的關係在進一步發展時所展現的歷程特質，然後找出一套默默主導人們在他人面前表現行爲的規則，並且討論關係中的權力如何分配。

## 關係的成分：自我揭露

在親密關係的形成中，其中一項最重要的過程即是**自我揭露**，坦露自己關心卻不輕易公開的私密。

自我揭露是一個漸進的過程，人們通常不會在第一次碰面就坦露他們最深層的想法與情感。這也是一個互動的過程：雙方彼此交換隱密的事實和情感；而如果一方急踩煞車，揭露也就停止。

艾特曼和泰勒（Altman & Taylor, 1973）在他們的**社會穿透理論**（social penetration theory）中，探討了自我揭露的過程。稱之爲社會穿透理論，是因爲當關係逐漸變得親密，關係會愈來愈貫穿到個人的隱私、社交、與精神面等的生活。關係發展的一般趨勢是自我揭露變得不那麼表面，並且變得更加親密；即是，關係增加了廣度──更多範疇，以及深度──更細微、重要的課題。

艾特曼和泰勒描述了當關係變得更加親密時，各種形式的交換之改變。在引導階段（orientation stage），我們會花很多心思在「瑣碎的交談」上，並且使用不具爭議性的陳腔濫調（「嗯，那有很多可能性」，「練習的結果是完美」）。然後接下來便是探索情感階段（exploratory affective stage），其中，我們會表達個人的態度，但仍會避免太過親密（「我本身並不是對聖誕節有什麼不滿，只是它現在變得有點商業化了，雖然對小孩還OK……」）。在自我揭露的初期，我們不會全盤托出我們的眞實面；我們只會提供（關於自己的）相當有限的資訊，而有時甚至是錯誤的資訊，以便讓對方有一個較好的印象。許多人際關係會在探索情感階段就此打住，但那些能夠進入到下一個階段──情感階段（affective stage）──的關係則會開始涉及非常私密的想法、情感分享。而自我揭露的增加程度也會反映在身體接觸的情感上。朋友，尤其是女性朋友，或許會親熱地碰觸，愛人則會親密地接吻與碰觸。非常親密的關係最終會進入穩定交換階段（stable exchange stage），在這個階段的伴侶會去分享所有個人的感情與財產，並且能夠對於彼此的感覺與行為感同身受。

如同上述所提，自我揭露的過程是雙向的，任何一方所做的交換必須與另一方配合，否則關係就不會更加深入。在關係的初期階段，這個配對過程尤其重要。但在關係發展到比較後期時，嚴格的互惠關係則不一定必要，因爲關係已有足夠的基礎，這一方面的需要不一定要嚴格遵守。

親密感的增加不一定是平緩、漸增的。許多關係遵循的是一種更多變、循環式的自我揭露型態（Altman等人，1981；Derlega等人，1993）。有些伴侶會非常快就自我揭露，然後驟然停住、退出；有些伴侶則一見鍾情，非常快速地認定對方就是自己的靈魂伴侶，然後進入高原時期；而有些則會在呆滯或衰退時期後，繼而穩定上升。

當親密關係開始破裂，自我揭露通常會開始窄化到非常尖酸刻薄的話題領域中，但彼此的關係還是會深入地貫穿，就算伴侶以傷人的侮辱與指控砲轟對方（Tolstedt與Stokes，1984）。

## 評論

有不少研究顯示，在自我揭露方面存在著性別差異。一般的想法是，女人比男人容易坦露心事，但實際上，這個差異並沒有我們想像那麼大，坦露對象的性別其實是較重要的考量面向。例如，男人對於女人常常較容易坦露，而非對其他男人。自我揭露最大的差異在於：女人對於其他女人坦露的質、量遠比男人對男人的來得多（Dindia & Allen, 1992）。我們既有的刻板印象想法——男人在酒吧內談論足球、車子、工作，而女人嘮嘮叨叨談論最深入的性話題、家庭生活——有一定的事實成分存在，至少在西方社會是如此。然而，自我揭露所展現的性別差異相當複雜，我們會在第八章更詳盡探討。

我們不應該低估任何關係中自我揭露的重要性。當我們與他人分享自身的私密想法時，我們顯示了我們信任對方不會傷害我們，並且忠於這段關係。藉由這樣的坦露，我們也在邀請對方坦露自我，與我們創造一段親密、互相扶持的關係。

## 複習測驗

1. 試著回想上一次，你第一次遇到某個人，並且與他／她相識的過程（或許是你剛進大學時，或者在新學期開始）。你們之間的交談是否符合艾特曼和泰勒所勾勒的談話順序？下一次當你認識新朋友時，觀察你們最初的交談是否符合引導階段的說法。

2. 爲什麼美髮師與酒館老闆被人建議不要與在工作時遇見的客人有進一步交往？倘若他們不遵守絕對不要談論政治或宗教禁忌的規範，又會發生什麼事呢？

# 關係的成分：規則

想像下列這個情況。你打電話給一個朋友，想找他／她出來喝茶談天，但他／她卻因自己身體不太舒服而婉拒了你，然後回答你，「或許下次有機會的話。」稍後，你經過一家餐廳，卻發現他／她正與別人愉悅地享受一頓豐盛晚餐。這樣的情況，對絕大多數的人來說，都會是一種傷害，而這段友誼也將面臨破裂的危機。你的朋友並未依照「規矩」來玩；他／她對你說了謊。我們或許不會清楚地知道有哪些規則存在於關係中，但當規則被破壞時，我們卻一清二楚。

亞蓋爾和韓德生（Argyle & Henderson, 1985）把規則定義爲「大多數人認爲或相信應該有的行爲，或不應該有的行爲」(p.37）。當規則得以維持時，人們在不同關係或情況中才能夠達成應有的目標。這些規則提供了我們成功應付關係所需要的竅門，並且使我們更了解關係。

亞蓋爾和韓德生（Argyle & Henderson, 1985）曾對在不同類型的關係中，人們使用的規則，進行相當廣泛的研究。接下來我們所探討的部分即根據這項研究。

## 規則的類型

關係有許多不同種類的規則。在進一步閱讀之前，請先看圖四，裡面顯示了一些不同關係的規則和例子。注意請裡面甚至有一條是「你不能與這些人相處」的規則。

我們可以把規則分成四類：

1. 報酬性規則（*Rewardingness rules*）：社會交換理論（第四章）告訴我們，唯有當報酬減去代價大於我們在其它關係所獲得的，我們才會停留在一段關係中。有些規則的運作目的，是為

圖四 不同關係的規則與例子

來源：例子來自亞蓋爾與韓德生（Argyle & Henderson, 1985）

**友誼的規則**

在朋友需要時主動幫忙
歸還債務、好處與稱讚的回報
表現情感上的支持
容忍朋友的其他朋友

**約會關係的規則**

表現出相信對方
準時
對彼此忠誠
有意地觸碰對方

**婚姻配偶的規則**

創造一個和諧的家庭環境
送生日卡片和禮物
告知對方自己的個人作息
與對方討論宗教和政治

**法緣關係的規則—父母與孩童**

彼此間不得有性活動
互相邀請參加家庭慶典
記得生日
歸還債務、好處與稱讚的回報

**工作中部屬的規則**

當命令不清楚時，要馬上詢問
直接說出並且捍衛自己的想法
和顏悅色
樂於接受命令

**兩人處不合時的規則**

彼此應該公平對待
不應該邀請對方參加家庭慶祝
不應該隨心所欲地佔用對方的時間
不應該忽略對方

了使報酬與代價維持在可以接受的水準，而且我們會期待這些規則能夠適用於所有的關係。報酬性規則有可能是「你必須有禮貌」與「你不應該讓別人難堪」。

2. 親密規則（*Intimacy rules*）：關係隨著所允許的親密程度之不同，而有極大的差異。對待朋友、家人和對待鄰居、工作同仁所使用的規則是截然不同的。有些親密的規則實際上是用來減低親密程度。親密規則的例子或許是「你不能在工作時親任何人」以及「在你上班前，要記得要親一下你的伴侶，然後才能說再見」。

3. 協調與避免困難的規則（*Rules for coordination and avoiding difficulties*）：這些規則的運作，是為了使目標能夠在面對最少的問題下達成。不像報酬性規則，這些規則出現於特定關係中。例如在醫師－病人的關係中，所運行的規則可能會是諸如「病人總是告訴醫師實情」等規則。

4. 與第三者的行為規則（*Rules of behaviour with third parties*）：關係不單純只包括兩人關係，也會涉及到他人。與第三者的行為規則是必要的，以便能夠控制與他人有關的行為，而這些規則也能夠幫助處理忌妒、維持信心、以及當朋友、伴侶不在時為他／她辯護等問題。這些規則或許包括了「你不能與配偶之外的人有性行為」與「倘若有人批評了你的朋友，你必須挺身為他們辯護」。

## 規則的集群

統計分析顯示：關係可以區分出幾種集群，而每種集群有類似的規則。在英國，一種集群包含了配偶、兄弟姊妹與親密友人，另一種則包括了醫師、教師與工作長官。在某一文化所形成爲同一類的集群，並不盡然會在另一文化中也相同地成爲同一類。

## 規則的文化差異

不同文化有相當不同的規則；一個許多人都知道的例子是在英國與在法國，對非親密對象打招呼的方式：在英國，是正式的握手；在法國，則是較親密的臉頰吻。

規則的文化差異可能會導致相當程度的誤解，特別是當一個文化中被接受的規則在另一個文化中卻是令人不悅，甚至不合法的時候。例如，在某些國家，幫助親人並給予他們工作是合情合理的，然而在某些文化脈絡中，這種的偏袒被視爲不道德。

## 規則的功能

規則在關係中有兩項主要的功能：

1. 它們管制行為，以減低可能的衝突來源並避免關係受到危害。如此的規則被視為「管制型規則」。
2. 它們提供報酬的交換，以驅使人們繼續停留在一段關係中。這樣的規則被視為「報酬型規則」。

既然不同關係會有不同的目標，不同的關係當然也會有不同規則。例如，工作關係的規則（例如醫師－病人）幾乎全部是管制型規則。相對地，友誼規則或許包括了許多關於交換獎賞的規則，而婚姻則涉及了許多報酬型規則，以維持親密。

## 關係的成分：權力

社會權力可以定義爲：一個人能夠對另一人提出要求，並使這些要求能夠達成。權力在任何關係中都具有非常重要的影響力——在朋友中、同事間、家庭成員之中，特別是在戀人之間。

其中一個明顯的例子即是上司對下屬的權力，儘管員工也在這段關係中擁有某種權力。友誼則代表一個比較平等（公平）的關係，但每一方仍舊有對另一方施展某種權力的能力——影響對方作決定、自己的意見被對方認眞考慮，且不會使他們感到被冒犯、能夠傷害對方的感受。

權力來自對有價値資源的控制。不同類型的權力是基於對不同類型的資源之掌控度。法蘭奇和賴文（French & Raven, 1959）把社會權力的資源分成五大類：

1. 強制性權力（*Coercive power*）：來自於執行處罰的能力。
2. 獎賞性權力（*Reward power*）：來自於執行獎賞的能力。
3. 合法性權力（*Legitimate power*）：視個人對於角色義務所必須遵循指示或建議的接受度而

定。

4. 參考性權力（*Referent power*）：來自於認同或模仿某人的慾望。
5. 專家權力（*Expert power*）：視是否具備較優越的知識與能力而定。

任何關係不太可能只有一種權力在操弄，但其中有一種強勢的權力是可能的。例如，我們的朋友對我們有參考性權力，因為我們認同他們，並希望他們喜歡我們。在親密關係中，權力則視數個因素而定，包括：

◇ 關係中每一方的心理依賴度。
◇ 社會規範。例如，性別角色期望（諸如男人應比女人賺更多錢的信念；當男女雙方都持有這樣的信念，而真實情況卻與之牴觸時，雙方就會感到不舒服）。
◇ 每一方對關係貢獻的個人資源（吸引力、收入、技巧等等）。

如果在一段關係中，一方較另一方堅貞與依賴，則該關係中的權力平衡就會有重大的改變。瓦勒和希爾（Waller & Hill, 1951）提出**最低興趣原則**（principle of least interest）的概念，認為一方若是對於持續關係較不感興趣，他／她通常會擁有較大的權力，並因此對於關係中發生的事物有較大的影響力。我們可以輕易地從日常經驗與觀察中看到這一點。如果克里斯深愛著萊斯，可是萊斯卻對克里斯沒那麼好感，萊斯則有相對較大的權力，來影響克里斯與兩人關係的發展。與關係中的權力面向相關的是其它替代方案的數量。擁有許多仰慕者的人，通常會比選擇有限的人擁有更多的權力。

社會規範也會影響權力關係，這一點與親密關係中男性／女性角色有關。男人在體格上較女人強壯，所以他們有較多的強制性權力（使用體力的力量）。結婚的男性通常擁有較多的資源（就較多的收入與教育程度而言），這意味著妻子可能傾向於較依賴她們的丈夫以獲得安全感，而且通常是男人對於金錢與其它價值物有較多的控制權力，所以他們也有較多的獎賞性權力。基於上述的理由，不難發現大多數的婚姻並不是基於平等主義，而且緊緊握住權力的通常是男人（Peplau & Gordon, 1983）。另方面，當女人獲得較好的資源，諸如較高的教育、經濟能力與自信心，關係的權力平衡則可能改變（Scanzoni, 1979）。

在一段關係中，權力分配的模式會影響伴侶所經驗的滿意度。在一段婚姻中，須做許多決定，因而權力可以在許多領域中施展。畢區和泰舍（Beach & Tesser,

1993）發現：若是在決定彼此的生活上，伴侶雙方擁有類似的權力，婚姻滿足度就會比較高，例如，「如果我可以選擇假日去那裡，你就可以選擇要哪一輛車。」

如同預測，如果關係中的一方擁有極大的權力，以致於幾乎能夠作所有的決定，而另一方則極少能夠做主，當然後者會無法獲得滿足感。最後，因爲關係中的不平衡權力，伴侶雙方感到挫折、無力維持這段關係；因而，關係若不是設法改變，朝向更公平的權力平衡，就是終止。

## 健康與快樂

研究指出，人際關係對我們是有好處的。坎培爾（Campell, 1981）發現：至少對美國人而言，人際關係是一項比收入、社會地位和教育更重要的幸福來源。人生最重要的一件事，莫過於獲得一段渴望的關係，或者改善一段現存的關係；關係可以使我們的生活品質獲得改善，並且有較受人喜歡的氣息與觀感（Reitch & Zautra, 1981）。相對地，關係的喪失可能會是最糟並且是最令人傷心的一種經驗。

儘管研究指出，大部份的關係——包括與家人和與朋友——對我們的健康與快樂都會有所影響，但大部分的研究主要把焦點放在婚姻對健康的影響上。這或許是因為關於婚姻、離婚與健康（特別是死亡率）的統計數字較容易獲得，至於其它關係的普及度與強度的資料，以及測量快樂的工具顯得比較模糊不確定。不過，現在已有不少學者察覺到這項疏漏並開始補救。

## 對身體健康的影響

早在1851年，就開始有研究統計指出：結婚的人們會比那些未婚的人們活得更久（Farr, 1975；Hu & Goldman, 1990）。而鰥夫寡婦又會比單身或結婚的人更容易受到疾病的侵襲（Bloom等人, 1978）。與同年齡的單身或結婚的人相較，他們較常看醫生，請更長的病假。對男人與女人而言，最快樂的是結婚的人，次者是單身的人，再過來是喪失伴侶的人。而分居或離婚的人則是最不健康的（Cramer, 1995）。

從這些資料，我們或許可以獲得一個明顯的結論：婚姻可以保護我們的健康。然而，生命長度與婚姻之間的關聯是一種相關性（correlation），我們不能夠單獨憑這一點就推論出因果關係。畢竟，健康的人——尤其是心理健康的人——較有可能被選為婚姻伴侶。本質上，我們不能夠確定是篩選過程、婚姻的保護或第三個壓倒性的因素（例如有錢，可以使你更有健康的保障）促成結婚者通常有較長的壽命。不過，胡和高德曼（Hu

& Goldman）的研究給了我們一個線索，來探究是什麼比較重要。如同顯示，結婚的人會比未婚者活得較久，研究也顯示離婚與守寡者一般而言的壽命會較短。這似乎暗示了婚姻的確爲健康提供了某種保護膜。

然而，我們也不能完全排除以下的可能性：不健康的人較不會去尋找伴侶（Mastekassa, 1992）。我們也不能夠排除財富狀態是控制較佳的健康與婚姻狀況的第三因素。如同德金（Durkin, 1995）所說，富有的人較有結婚的原因，不只是因爲擁有非常吸引人的條件而已，而且因爲「美好富足的人較容易活得好，並且比較不容易暴露在營養不良、危險的環境，患憂鬱症，以及其它因爲低社會地位而引起的健康威脅」(p. 611）。

至於其它關係，有工作的人也會有較佳的身體健康，而不是失業或失去工作連繫的人（儘管也有可能受到其它因素的作用），而有小孩的夫妻也會比沒有小孩的夫妻來得健康（Warr, 1983）。

在一項縱向研究中，柏克曼和賽姆（Berkman & Syme, 1979）從婚姻、親密朋友與家人、教堂與各種組織中，持續追蹤年紀介於三十歲至六十九歲的四千七百位成年人，並得出「社會支持滿意量表」。九年後，他們調查有多少人死亡。那些在各個領域——尤其是在婚姻、朋友與家庭——都有良好社會支持的人，是最不可能會死亡的人。雖然，這項研究招致批評的一個地方，在於它使用自我評估量表來做最初的健康評估。不過，許多其它的發現，包括一些使用更客觀的測量工具的研究，也有類似的結果發現。

## 對心理健康的影響

完整、和諧的關係對良好的心理健康非常重要，而殘缺的關係則可能會造成嚴重問題。離婚與分居的人會比結婚的人更容易自殺、罹患憂鬱症、有酗酒問題、因爲精神失調而接受治療，而離婚與分居對於男性的影響又遠較對女性的來得大（Gove, 1979）。

布朗和哈里斯（Brown & Harris, 1978）報告：經歷極度壓力的女性如果有一個支持的配偶來分擔問題的話，她並不會感到那麼憂鬱。然而，芬欽（Fincham, 1997）在檢視了一百對伴侶之後，卻也做了以下結論：儘管婚姻對男性的心理健康有利，婚姻對常常感到沮喪的妻子卻會造成負面效應。這些非常不同的發現或許反映了一個事實：女人就像男人一樣，可以從一段支持性的關係中獲利，但是一旦當事情開始出錯或婚姻不和諧時，女性也變得容易患憂鬱症。對男人，婚姻中的不和諧（相對於分居或離婚而言）並不會造成相同的效應。然而，一旦婚姻破裂，伴侶分開，男性則會受到較多的煎熬，或許這是因爲他們原有的社交脈絡較爲窄小，因而不知道該去哪裡獲得支持。因此，就本質上而言，我們似乎發現可以判斷：女性傾向在婚姻中較容易受苦，倘若那段婚姻不和諧的話；而男性則會在婚姻結束之後，受較多的煎熬。

然而，我們必須再一次地提醒自己，並沒有明顯的因果關係。有可能諸如憂鬱與酗酒的徵狀並不是因爲離婚的原因，而是離婚所帶來的負產品，儘管離婚本身或許就是造成這些徵狀加重的原因。

## 對快樂的影響

快樂，如同稍早所提，並不是一個容易測量的概念，通常是以評分量表來測量。

就短期利益（會有長期累積的效應）而言，當我們與朋友相處時，生活會變得比較有趣。拉森（Larson, 1990）的研究方法是在每一段隨機的間隔中，詢問受訪者他們有多快樂，以及他們在當時是與誰在一起。整體而言，人們最快樂的時候是與朋友在一起，接下來是與家人，而最不快樂的時候則是孤單一個人。

證據顯示：結婚的人會比未婚者來得快樂。儘管差異不大，不同年齡的結婚者都比未婚者報告了較高程度的滿意度（坎培爾, 1981）。

關於婚姻，有許多的研究模型曾試著勾勒獲得滿足感的路徑圖。皮尼歐（Pineo, 1961）認爲：在求愛期的最初熱情與最初結婚的幾年之後，快樂與滿足感會有持續衰退的跡象。然而，布爾（Burr, 1970）提出了一個關係滿足的曲線圖概念。典型的夫妻會在還沒生小孩前，度過最快樂的前幾年，在生完小孩後的頭幾年，對婚姻關係感到最不滿足，然後又回到較高程度的滿意期，儘管這個時候再也無法回到「蜜月」那幾年的滿意程度。研究強烈地支持這兩個模型所提出的想法，即婚姻的前幾年，快樂會逐漸下降。然而，滿意程度是否會維持在這個較低的水準或再增加仍是個爭議。不過無論如何，僅僅用一種類型的婚姻滿足來適切地解釋所有的婚姻是不太可能的；兩種模型都有可能適用，而爭論點在於究竟是哪一種描述了典型的路徑。

芬欽（1997）指出：把「婚姻滿足」視爲單一實體，並不能夠適切地表達結婚伴侶間快樂的差異度與相似性。他要我們考慮兩對非常不同的伴侶：其中，一對伴侶僅僅是相處得「普普通通」，在他們的關係中沒有高潮也沒有低潮；另一對伴侶則時常有爭論、暴力相向，但同時也有笑語與美滿的性關係。在一項對婚姻滿足所做的單一向度量表中，這兩對伴侶或者只是「中等」；但我們知道，這兩對伴侶顯然非常不同。芬欽因此建議我們需要測量正面與負面的特徵以獲得較完整的圖像。以此作爲基礎，上述所提的第一對伴侶會在正向構面與負向構面獲得低分（一種所謂的平淡關係），而第二對則會在兩個構面都得到高分（一種矛盾關係）。如此對婚姻特徵的重新概念化，或許最終能夠讓我們更加了解複雜的婚姻關係中快樂的成分。

## 失去一段關係的影響

一段重要關係的失去，是我們生命中一種最讓人感受到沉重壓力的事件，並且會對我們的身體、心理健康有嚴重影響。諸如家庭成員或好友逝去等事件，就是憂鬱症的成因之一。男性的死亡率會在其妻子死去的六個月內上升百分之四十（有時候是自殺），之後就急遽下降。對於女性，失去伴侶的最大效應是在伴侶死去的第二或第三年（Gibson, 1992）。

離婚的效應對男性與女性也不盡相同。離婚有可能使男性罹患憂鬱症，而女性則會在一段壓迫性的關係終止後，變得沒有那麼抑鬱，因爲她們較有可能從其它關係中——家庭與朋友——尋求並獲得大量的社會支持。

## 性別差異與從關係中獲利

探討婚姻對男性與女性的心理健康造成的不同影響之後，我們現在要考慮的是其它的效應。許多研究顯示：整體而言，婚姻對丈夫比對妻子有益。一般而言，女性較男性會提供更多的支持：她們比較溫柔親切、比較容易表達讚賞、鼓勵他人，並且比較容易分享親密感

（Argyle & Henderson, 1985）。因此死亡或離婚而失去配偶的情況，通常會對男性造成比較大的損害。

這是爲什麼呢？還記得是心理親密感而不是婚姻本身能夠產生利益嗎？許多人，尤其是女人，能夠在親密友誼與非婚姻的浪漫關係中找到社會支持與親密感。一般而言，婚姻是不公平的，做丈夫的，在婚姻內有比較多的權力，在婚姻外則擁有自己感興趣的工作，這兩者對於自身的健康與快樂都會有正面的貢獻。相反地，身爲妻子則無法像丈夫從她們那裡一樣，也從丈夫身上獲得等值的情感支持，而大多數煩人的家務事也提供不了多少滿足（Argyle & Henderson, 1985）。

庫克一篇標題是〈Is marriage driving women mad?〉（婚姻把女人搞瘋？）的文章，從最近對婚姻破裂的研究中，探討婚姻對男性與對女性的相對利益（見本章的「進一步建議讀物」）。

## 社會支持爲什麼會影響健康與快樂

人際關係所提供的社會支持在承受壓力時會展現最大的效力，因爲它可以大大地施展其備而不用的功能。當發生了一件很糟糕的事或者我們感到無法解決時，我們會求助於家庭與朋友，並從中獲得協助與支持。

正面的效應可以是以直接的方式來照料對方，例如，煮飯、購買日常必需品、確定對方吃了藥。社交網絡，像是專門針對重病者的自助團體，也可以提供實質幫助。

社交支持也可以是以間接的方式呈現，它可以幫助我們更有效地面對壓力。社會支持的緩衝效應（buffer effect of social support）指當人們感到支持時，他們比較不會受到壓力事件的影響。柯恩和霍伯曼（Cohen & Hoberman, 1982）發現：在覺得生活具壓迫性的人們當中，那些感受極少社交支持的人比較容易會出現頭痛、體重減輕與睡眠失調等症狀，而不是那些認爲自己獲得高度支持的人。

諾柯爾等人（Nuckolls et al., 1972）比較了經歷不同程度壓力的懷孕婦女之併發症比例。他們發現：承受高壓力卻擁有低社交支持的女性，有百分之九十一會受到併發症帶來的痛苦，相較之下，承受高壓力也擁有高社交支持的女性，只有百分之三十三會有併發症。

社交支持爲什麼會影響身體健康呢？一個可能的理由或許是社交支持對免疫系統的影響。高爾曼（Goleman, 1990）發現：加入互助團體的重病患者擁有較好的免疫系統，並且會比那些沒有加入的重病患者活得更久。

一項對許多研究的重新分析顯示：當社交支持是由家庭與朋友提供，且針對的對象是女性時，社交支持有最大的實質效應。雖然很難確定在一段同伴式的關係中，是直接利益還是間接利益有較大的貢獻，但兩者顯然都非常重要。

## 關係的負面效應

目前，在這一章中，我們已經看到了擁有關係所帶來的正面效應，以及結束關係所帶來的負面影響。然而，我們一定不能忽略一個事實：關係本身也會是壓力的來源，而當這個壓力大於社會支持所帶來的利益時，整體的效應就會是負面的。如同稍早所提，有些證據顯示：因離婚或分居而造成的一段關係的喪失，有時候反倒能夠增進快樂，尤其是對女性而言。例如，離婚而造成的單親媽媽會更有自信，而她的小孩也會感受到更多的愛（Woolett，引用自Cooper，1996）。

那麼，整體而言，我們可以相當合理地總結：一般而言，關係對我們的健康與快樂是有益處的，但我們也必須承認關係也可能是壓力的一種源頭，而當這樣的關係結束時，我們的生活也獲得了改善。

## 複習測驗

1. 試描述存在於任何關係中的四種規則。
2. 就法蘭奇和賴文的五種社會權力，試選擇三種不同類型的關係（例如，雇主－雇員關係），並說明何種權力較容易被其中一方掌控。
3. 試列出關係中所提供的社會支持會對健康有正面效應的方式。
4. 婚姻看起來爲什麼對男性較有利，而非女性呢？

## 摘要

* 自我揭露指把你自己的私密資訊顯現於另一個人面前。這是一段關係中最重要的成分之一。社會穿透理論（Altman & Taylor, 1973）認為：當一段關係逐漸有所進展時，自我揭露就會變得更加頻繁，並且含括生活中更多的領域（在深度與廣度都有所增加）。然而，自我揭露會因個人與性別而有差異。
* 關係的規則是大多數人認為或相信應不應該表現的行為。基本上，我們可以把規則分成四類：報酬性規則、親密規則、協調與避免困難的規則、以及與第三者的行為規則。不同的文化可能會有相當不同的規則，易地而處時，就有可能導致誤會，特別當某個規則在某個文化中被接受，在另外一個文化卻會引起紛擾的情況。
* 權力在任何關係中都有非常大的影響力。在一段親密關係中，權力視心理依賴、社會規範與個人資源而定。最低興趣原則認為：對於持續一段關係較不感興趣的一方會擁有較大的權力，並因此對於會發生的事物有較大的影響

力。權力在一段關係中分配的方式，會影響每個伴侶所經驗到的滿足感。

* 健康與快樂會受到人際關係的影響。在這個領域大部分的研究主要是把焦點放在婚姻上。一般而言，結婚的人會比未婚的人更快樂與更健康。

## 進一步閱讀

*Argyle, M. and Henderson, M. (1985) The Anatomy of Relationships*《剖析關係》, *Harmondsworth: Penguin.* 第二章對關係的效應有仔細的探討。

*Cochrane, R. (1996) Marriage And Madness*《婚姻與瘋狂》, *Psychology Review 3 (1) 2-5.* 這篇文章探討結婚者為什麼會比未婚者遇到較少心理健康問題的各種原因。

*Cook, E. (1997) Is marriage driving women mad?*《婚姻把女人搞瘋？》. *Independent on Sunday. 10 August.* 這篇文章探討芬欽所做的最新研究，並用日常生活的例子來討論與詮釋他的發

現。

*Cramer. D. (1995) Personal Relationships*《私人關係》, *The Psychologist 8 (2) (February)* 這一期的*The Psychologist*，會在本書數章的最後面有所提及。因為這一期是針對於關係研究而特別設計，因此相當值得我們參考。這篇文章考慮了關係的效應，特別是在健康方面、以及在建立因果關係時所會遇到的問題。

*Fincham, F.D.(1997) Understanding marriage: from fish scales to milliseconds*《了解婚姻：由粗淺至細微》, *The Psychologist 10 (12) (December).* 這篇文章仔細觀察了我們所謂的婚姻中的滿足，並且評鑑了測量婚姻滿足的方法。

# Chapter 8

# 關係中的個體、社會和文化變異

* 同性戀關係
* 同性友誼的性別差異
* 異性戀關係的跨文化差異

在社會階級和文化之內與之間的關係之本質，顯然存在著非常巨大的差異。本章，我們將只從龐大的各種關係中取三種來探討：同性戀關係，同性友誼，以及在不同文化中的長期異性戀關係。

## 同性戀關係

專欄作家安娜·昆得蘭（Anna Quindlen, 1992）評論：「兒童學習到，這個世界只存在著男人與女人之間的愛情與性。」我們稍微瞄一下大部分關於人際關係的教科書，就能夠輕易地獲得類似結論。同性戀關係的部分，就這樣被忽略了。若不是輕描淡寫，隨便地處理、掩埋進一步討論的空間，就是讓讀者誤認為在大部分的層面上，同性戀關係與異性戀關係並沒有多大差異，或者是雖然承認了差異，卻沒有更明確的討論來指出差異為何。如此的過度簡化呈現了一個迷思：我們可以合法地使用異性戀關係來作為所有浪漫關係的基礎。如同哈斯頓和實瓦茲（Huston & Schwartz, 1995, p.90）所說：

> 把適合於異性戀關係的模式套用在同性戀關係上，不只會導致相當可疑的結論，也會大大地減

少我們對於各種伴侶是如何組織、經營他們的關係之瞭解。

關係並不會單獨存在，而是存在於社會脈絡中。雖然在過去（但也沒那麼久遠）的英國社會，同性戀關係是不合法，而涉及其中的人們會被視爲心理病態，而今日的英國社會，顯得較爲開放，對同性戀者的社會脈絡卻依舊呈現出某種程度的誤解。異性戀受到認可、讚賞、慶賀（如同在結婚日），並且在經濟上獲得支持。這樣的關係是非常公開的。異性戀者訂婚約，戴結婚戒指，工作的桌子上放著全家福照片。在星期一的早上，他們與朋友、同事談論他們是如何與伴侶渡過週末。想想一個老套的情節：一個十八歲的青少年在一天早上抵達學校，眼中閃爍著光芒，散發著春天般的喜悅，急著告訴朋友昨晚他／她所遇見的夢中情人（指異性的對方），而在這個禮拜六他們就會出門約會。每個人都會爲他們高興，並且把他們分享自己的喜悅、快樂、驕傲視爲理所當然。然而，你可以想像一個十八歲的男同性戀者或女同性戀者如此坦然地公開他／她的喜悅嗎？我不這樣認爲。許多對異性戀者而言是毫無困難的慶祝、分享，同性戀者卻求之不得。如同季辛奇和柯爾（Kitzsinger & Coyle, 1995）所說，你是不可能在你家附近的報紙攤找到任何一張給同性戀伴侶的情人卡。

## 研究限制

欲瞭解同性戀關係的最大限制之一，即是取得代表性樣本並不容易（Huston & Schwartz, 1995）。有數個原因導致如此。首先，許多同性戀者選擇對自身的性傾向不公開，尤其是爲了保住兒童監護權或工作的同性戀者。因此，我們可以理解，爲什麼許多較年長、較保守的同性戀伴侶不願意討論他們的私生活。至於沒有同居的伴侶一或許是同性戀族群的大多數，則更不容易發現，因爲他們是活在被孤立以及較小的社群中。因此，許多研究發現僅針對年輕、都市化與外向的同性戀族群的關係，提供一個部分、有限的觀點。記住這些限制，並考慮接下來我們要討論的一些研究發現。

## 相似性

首先，讓我們考慮同性戀與異性戀關係之間的一些基本相似性。同性戀關係，就像異性戀關係一樣，只要伴侶間分享類似的態度與興趣，並有類似水準的承諾感，就傾向能夠維持長久。最令人滿意的關係是那些具備高報酬、低代價，並且幾乎沒有替代方案的關係，就如同社會交換理論所提出的（於第四章討論）。就像異性戀伴侶一樣，許多男同性戀者與女同性戀者也希望能夠及早把自己交付給所愛之人，並且採取一對一的忠實關係（McWhirter & Mattison, 1984）。

## 不同處

我們現在把焦點移到在同性戀關係中不同的社會特徵，所造成的許多差異。

### 壓力

必須容忍同性戀恐懼症（極度厭惡同性戀），因而從侮辱、財產損毀到生命威脅等情境，都會使男女同性戀者的平靜心靈受到衝擊，並且對他們的關係採取比較隱密的態度。而當伴侶對「公開」的程度無法獲得一致認同時，額外的壓力也可能產生。當關係面臨到問題，男女同志也通常不是那麼容易獲得支持來彌補傷痕。同性戀者的親人或許還會很高興他們的關係有了問題，並鼓勵關係的破裂。當面臨問題的異性戀伴侶可以期望同情、忠告與鼓舞等支持時，同性戀伴侶卻幾乎無法獲得任何社會支持，不論關係走到瓶頸，或關係黯然結束（Becker, 1988）。

### 權力

不像女異性戀者似乎把她們（相較於男性伴侶）缺乏權力的情況視為理所當然，女同性戀者在她們的親密關係中，會對權力的平衡相當重視。雖然不能夠總是取得平等，至少這些伴侶會承認這一點，並且會傾向把這樣的不平等視爲短暫、一個有待改進的目標。男性在異性戀關係中會有如此權力的一個原因是因爲他們有較大的金錢收入。研究指出：在女同性戀的關係中，金錢收入量與權力之間並沒有關聯（Blumstein & Schwartz, 1983）。在同性戀關係中，責任的分配，尤其在家務事上，並不是那麼像異性戀關係中的理所當然，而較可能透過溝通而獲得解決。因此，權力鬥爭在同性戀關係中，並不會如同異性戀關係中那麼頻繁與戲劇化，而因不平等而潛藏的怨恨也不會有那麼多惡化的空間（Peplau等人，1978）。

### 同居

相較於異性戀者，同居對於同性戀者並沒有那麼普遍（Harry, 1983）。理由極爲複雜，並且需要考慮到實際和意識型態上的問題。在實際層面上，同居使得關係更加公開，有可能引發麻煩，尤其當前任伴侶可能會利用來當作爭奪孩子監護權的工具時。就意識型態而言，則有數個爭論點。首先，之前經歷過異性戀同居關係的同性戀者，或許不會想要重蹈覆轍過去令人不滿意的生活方式。第二，女同性戀者，如同上述所提，注重自主性與獨立，因此可能不喜歡與他人分享家務。第三，或許是最重要的一點，同性戀者或許會拒絕異性戀主流社會的觀點：爲了對彼此承諾，伴侶需要住在一起，並在經濟上互相依賴。儘管同居對於有小孩的伴侶看來是必要的，同性戀者較有可能感覺到不一定要住在一起，才能夠達到情感上親密和高度承諾的境界，而的確，有時候同居反而會使這樣的境界更難達成。

### 性活動

同性戀關係一項引起爭議的地方，在於他們的性關係中，不是維持單一對象的比例。統計指出：在一段承諾關係的十年之中，有百分之九十四的男同性戀者與百分之四十三的女同性戀者，相較於結婚男性的百分之三十與結婚女性的百分之二十二，報告曾經在固定關係外與他／她人發生性行爲（Blumstein & Schwartz, 1983）。因此，基於這把異性戀的量尺，許多研究者假想這樣相對較高不維持單一性關係的比例，必然會對男同性戀與女同性戀關係造成影響。然而，在這一方面，同性戀與異性戀關係有非常顯著的差異。在異性戀關係中，婚外的性行爲是不能被接受的，儘管相當頻繁，也是偷偷摸摸的、秘密的，而且會損及信任關係，如果被發現的話，也可能意味著關係的結束。相對地，一個男同志或女同志的關係外性活動，通常是隨著關係的規則協商而決定，因此通常很誠實，並且較不會危害到關係（Nichols, 1990）。

總而言之，我們需要了解到，同性戀者是在一個完全不同於異性戀的社會脈絡中，試圖建立關係。異性戀被教堂神聖化，並於各行各業中獲得讚揚。同性戀關係則被忽略、譴責與懲罰。如同季辛吉與柯爾（Kitzinger & Coyle, 1995）強調：我們必須抵抗不自覺地把異性戀模式套在同性戀關係上，這當中，權力和關係成功的概念或許有非常不一樣的意義。當比較這些獲得制度認可的關係與那些未獲得承認的關係，我們必須先考慮到這一點——在我們希望能夠了解他們之前。對於同性戀關係，以及他們如何受到性別、權力與社會結構影響的更深層瞭解，可以使我們更了解社會是如何影響我們所有的私人關係。

## 複習測驗

透過媒體，我們面對的是排山倒海而來的異性戀模式（無論是在眞實生活或虛構的故事中），因而讓我們覺得對這樣的關係產生慾望是理所當然的。我們大概可以從半打以上新出版的小說，或半打以上的當期的電影中，找出一個男人與另一個女人相愛或者分手的情節。試著想出有哪些角色模式以這樣的方式，運用在同性戀身上。

# 同性友誼的性別差異

在我們的一生中，友誼的風格會有重大的性別差異。這種友誼的主要性別差異可由萊特(Wright, 1982)的形容貼切地表達：一種是男性對男性的「邊靠邊」(side-by-side)，另一種則是女性對女性的「臉貼臉」(face-to-face)。更正式地說，這樣的差異可以標記爲工具性（instrumental）對表達性（expressive）。工具性的友誼是那些基於分享活動的友情，而表達性的友誼則是基於分享情感的友情。

## 童年時期的友誼

友誼中的性別隔離很早就開始了。大約在三或四歲時，幼童即表現了與同性伴侶一起玩耍的偏好；而大約在九或十歲時，如同我們大多數都能夠從我們的童年中回憶起，說一個男生喜歡一個女生會是一種侮辱。

在學校操場中，男孩子比較有可能在一大群的混合年齡團體中一同玩耍，而女孩子則比較常聚在較小的團體中，或與另一個女孩子成爲莫逆之交。男孩子傾向參與涉及合作技巧的團體競爭遊戲，而女孩子所喜愛的活動則比較重視親密感與排外性（Lever, 1978）。差異也出現在實驗室研究中。如果兩個彼此陌生的學齡前男孩子，被邀請一起去玩一個遊戲，儘管不認識，他們還是會一起玩耍。相反地，年齡相仿的兩個女孩，則會花時間在認識對方與談論自己的事情（Shaver & Buhrmester, 1983）。

女孩子對親密感與自我揭露的重視，包括了手拉手與忠誠的需求（Shaver & Buhrmester, 1983）。尤其是在青春期，如果一個不忠誠的朋友把自己最私密的慾望與情感洩漏給他人知道，就極有可能會感到羞辱。因爲親密感在女性的友誼中是必要的，所以相較於男孩子，女孩子比較關心忠誠度並且較擔心被她們的朋友拒絕（Buhrmester & Furman, 1983）。

我們對於同性友誼的差異根源的知識，仍舊處於萌芽期。如同畢（Bee, 1992）所評論，「這些差異雖然細微卻非常重要，而我們對於這些差異是如何在最初的兒童期開始，以及爲什麼之後又如此持續地走向不同的道路仍然所知無幾。但明顯看來，這個領域的確是未來研究值得進一步探究的方向。」（p.446）

## 成人友誼

關於成人，友誼的類型基本上與兒童期的類型沒有多大差異。安傑和克勞夫（Unger & Crawford, 1992）檢視了幾個研究後發現：相較於男人的友誼，女性的友誼傾向更親密、更強烈，而對雙方而言，彼此的友誼也更重要。一些理論家認爲，女性使用友誼來作爲一種向彼此互相吐露心事的工具。對女性而言，與朋友在一起通常是以邀請她們來喝咖啡、討論私人事情的形式出現。相對地，男人則傾向選擇有共通興趣的人作朋友，所以他們才可以享受像釣魚、看球賽或玩羽毛球的團體活動（Sherrod, 1989）。

赫達克（Hayduk, 1983）指出：男性的競爭性會與分享秘密有所牴觸，而這或許是他們不情願這麼做的一個理由。有趣的是，羅林斯（Rawlins, 1992）認爲：儘管競爭常常是男性友誼的團體活動之中心特徵，他們在這些活動的參與而產生的社會互動會比輸贏更重要。彷彿是男人需要一個理由與其他男性互動，而這個理由是一個本身相當有趣的團體活動，可是又不全然只是爲了這個目的。

## 摘要：同性友誼中的差異

目前爲止，我們已經談論了相較於男性之間的友誼，女性之間的友誼是更互信、更親密，並且更會去表達情感（Nardi & Sherrod, 1994）。男性之間的友誼則有較多的攻擊性互動，討論的中心圍繞著共同的興趣與實際的議題，而不是自我揭露與情感表達（Sapadin, 1988）。相較於男性，女性則從兒童初期就有較多的親密分享經驗，對於表達自己的弱點也比較坦然。

## 爲何存在著這些差異？

雷斯等人（Reis et al., 1985）相信：這些差異並不是因爲男性不會表達親密；在社會技巧上，男性與女性的差異並不明顯。當研究者要求男性加入親密的談話時，男性也能夠像女性一樣應付自如，他們也能夠從錄影帶片段中判斷一段關係的親密程度。雷斯等人的結論是：如果可以選擇的話，男性也可以像女性一樣，有親密的互動，只是他們寧可不要。

社會演化理論主張：有明顯的理由支持，爲什麼演化的結果會選擇男性之間的關係是「工具性」，而女性之間的關係卻是「情感表達性」。德沃爾（De Waal, 1983）認爲：爲了生存，男性有必要去從事團體活動，這樣子他們才能夠在捕獵與打鬥中合作。相反地，女性則需要爲了照顧嬰兒、孩童，建立一個支持性、養育性的網狀系統。這個理論的絕大部分都是推測性，並且太過以生物的角度來觀看社會化的角色。關於行爲的塑造，家庭、學校與媒體顯然都發揮了一定程度的影響力，但是男人與女人間一些基本的差異似乎仍舊沒變，儘管是在不同的社會與文化中受到影響。既然女孩與男孩大抵從出生就有如此不同的社會化，我們也不太可能區分生物性的影響與學習的影響。

## 然而……

傳統的研究室把焦點放在男性與女性同性關係間的差異，而非相似之處。達克和萊特（Duck & Wright，1993）認爲這些差異也許或多或少被誇大了。他們重新分析了早期的研究發現並認爲：儘管男人與女人在數個變項不同，這些差異並不符合工具性vs.表達性的二分法。例如，當被問到爲什麼他們安排時間去見朋友的理由，兩者都表示，大部分的時候只是去聊聊天，比較不常去參與共同的活動，而最不常做的事是去處裡關係問題。表達性與工具性的特質或許在一段親密友誼──不論是男性之間或女性之間──都會是同等重要的面向。達克與萊特認爲：男性與女性在他們的關係中都能夠以體貼、支持、鼓勵的面貌出現，只是女性比較容易公開地表達這些情感。依照這些研究者的發現，相較於女性，男性並不會因爲不介入如此公然的展現情感與個人揭露，就意味著他們的友誼中比較沒有情感。

## 複習測驗

想想你的同性友人，並列一張表，指出你與這些朋友會一起分享的活動類型，以及你們談話的內容類型。然後更進一步，想一些細節部分：例如，你們是否討論到個人的經驗與態度，還是只談論一般事物？談話內容是否爲主題取向？有任何禁忌話題嗎？（例如，如果你或你的朋友有酗酒問題，你們會去談論，或是避免這個話題？）

如果可以，請你與至少一位以上的異性之同性友誼，比較你的反應。

# 異性戀關係中的跨文化差異

社會心理學中大多數跨文化研究的方向，都是根據赫夫提得（Hosfstede, 1984）對**個人主義文化**與**集體主義文化**間的差異比較。兩種文化、社會間的主要差異可以簡單地摘要如下。個人主義文化一包含大多數的西方國家，主要強調：

◇ 個人的利益以及近親的利益；

◇ 個人的自主性（做自己的決定）；

◇ 個人的創意、成就以及獨立性。

集體主義的社會—包括大多數的東方國家，主要強調：

◇ 對團體盡忠，因為它反過來也會照顧成員的利益；
◇ 互相依賴；
◇ 團體的決定比個人的決定更為重要。

在集體主義文化中，人們發展了一種對團體的情感依賴，並相信其他人的需求與利益最重要。

顯然，這樣的二分法是過於簡化；例如，希臘和義大利的地中海農村社會，在家庭內雖然是集體主義，在家庭外卻是個人主義。然而，這種文化二分法有助於我們了解人際關係中的文化差異。山迪斯等人（Triandis et al.,1990）相信：個人主義－集體主義向度是文化對社會行爲的影響中，最重要的一個來源。我們將考慮這個特徵對異性戀關係之衆多面向的影響。

## 選擇伴侶

集體主義文化通常採用指（arranged marriage）婚的方式，而在西方文化中，個人則能夠選擇自己的伴侶。這反映了這些不同文化中的一項主要差異：個人選擇，在異性戀愛情關係——特別是婚姻——的形成上，所佔的比重。

有一點很重要必須認清：就算在婚姻是被安排的文化中，大多數人對他們的最終伴侶仍具有某種程度的選擇權，而即使是在西方社會中，婚姻的選擇也會受到家庭很大的影響。所以比較正確的說法應該是：個人主義的文化較集體主義社會更加重視個人對伴侶的選擇。既然大多數的讀者會自動地排除西方不會有指婚的想法，那就讓我們看一位作者的評論。他在二十二年前，還認為自己是個「典型六十年代的倫敦小夥子」，為了一次指婚而去了巴基斯坦。他強力地支持這樣的作法，並破除了一般的錯誤觀念：

> 人們首先要了解指婚的第一件事情就是：指婚並不涉及強迫。強迫的婚姻就是所謂的——被迫。強迫的婚姻在印度、巴基斯坦與孟加拉大部分的部落，與在英國來自這個背景的亞洲大陸人們是很普遍的……而這與指婚一點都不同。指婚是在另一個平面上，其中涉及了彼此同意與關心的人們之間的協商，是巨大快樂的泉源——不論在結婚前或結婚後。
>
> （Sardar, 1999, p.16）

另一種文化差異則是，以浪漫的愛作爲選擇結婚伴侶的基礎。在個人主義的文化中，諸如美國與英國，浪漫的愛情被視爲對婚姻是一項重要、不可或缺的元素，而在集體主義文化中，選擇結婚伴侶主要是考慮職業與階級地位等因素。如果集體主義文化中的人們不顧實際考量而選擇他們自己的伴侶，這將會對團體功能造成一定程度的殺傷力，並會對這個文化的凝聚力形成威脅。

有些理論家認爲，以浪漫愛情作爲結婚基礎（不是在婚姻中）的想法是相當新近的西方概念，而甚至在歐洲，也是在十八世紀以後，浪漫愛情才開始被列入結婚的考量因素（Hsu, 1971；Murstein, 1974）。然而，這並不意味著愛情在指婚中是缺少的。有證據顯示：指婚的人們，最終會比那些基於浪漫愛情而選擇自己伴侶的人，更能夠共沐於「愛河中」（見 Gupta & Singh 的文章〔1982〕，在第九章有詳細的討論）。

在婚姻不是被安排、但強烈受到父母影響的文化中（譬如，正統猶太人），浪漫愛情再一次地，是毫無空間的，尤其是要與不同種族、宗教的人結婚的話。換言之，在這些文化中，唯有當對象是自身團體中的成員，浪漫的愛情才會被認眞看待。

## 複習測驗

不論我們看了多少學術文章，我們都不能夠眞正地了解跨文化的差異；唯有與來自不同文化的成員討論，我們才能夠眞正了解他們的觀點。譬如，關於指婚的本質就招致很多的誤解。不論你是來自什麼背景，試著找出至少一位以上來自不同背景的人，討論彼此的文化是如何地影響我們選擇自己的終身伴侶，並詳細指出各自的優點、缺點，以及你們贊同與反對之處。

## 評估婚姻的幸福

另一項在人際關係上的跨文化差異是，在個人主義的社會中，而非在集體主義的社會中，心理親密感比較容易被當作評斷婚姻幸福與個人滿足的基礎。在美國，人們認爲婚姻促進個人成長，並因而可使雙方獲得自我實現的機會（Dion & Dion, 1993）。這可能會造成非常不切實際的期待，並且使得人們無法了解到婚姻可能會有多困難——一種天眞地相信「愛可以征服一切」，卻挫折地發現婚姻不是原先夢想的美滿生活（Heine & Lehman, 1995）。

迪恩和迪恩（Dion & Dion, 1993）主張：在個人主義的社會中，全然接受社會化的洗禮可能意味著令人滿意的婚姻難以維持。西方文化對獨立、自制與自主性的重視，使得維持親密相對而言成爲一件不易達成的任務，而這卻被視爲成功婚姻的主要目標。迪恩與迪恩認爲，這或許可以解釋美國與加拿大的高離婚率。相對地，集體主義社會則強調對他人依賴的重要性與價值觀，因此這是親密關係中被高度重視的一個面向。

## 研究過的關係類型

在停止討論跨文化關係這個主題之前，我們先回頭看第一章中，西方心理學家所傾向研究的關係種類。在這一章與先前幾章，主要的焦點都放在浪漫關係與友誼上，反映了研究人際關係最主要的領域。這些研究非常強調第一次的認識、親密的私人友誼與伴侶關係，因爲這些被認爲是西方文化中最重要的關係，對於親屬關係與社群關係則相對被忽略了。如同馬哈丹等人（Moghaddam et al., 1993）所評論，「研究人際關係的方向適切地說明並反映了社會的特徵」（p.99）。然而，這個平衡已經該開始調整了；例如，研究學者逐漸認知到，不論是個人主義文化或集體主義文化，親屬關係通常提供了一種重要與最親密的關係（Argyle & Henderson, 1985），但顯然，探索之路還有很長的一段距離。未來，對人際關係更徹底的跨文化觀點，將可以讓我們對文化內／間的這些關係之本質與重要性，有一個更敏銳的瞭解。

## 複習測驗

1. 試討論心理學家試圖研究女／男同性戀關係所面對到的問題。
2. 試考慮存在於個人主義與集體主義文化之間的差異，不要單從哲學的觀點，也試著從實際的層面來看（例如，在集體主義文化中較少的流動性）。這兩種文化如何對存在於其中的各類關係造成影響？
3. 試列出在男性與女性的同性友誼中所觀察到的特徵與差異。接下來考慮男孩子與女孩子被社會化的不同方式。最後，討論如此不同的社會化歷程對同性的友誼類型會有何種影響。

## 摘要

* 同性戀關係一直以來都是人際關係研究中一個被忽略的領域。有些研究者反對以異性戀關係為所有浪漫關係的標準。我們必須知道的是，同性戀者是在一個與異性戀完全不同的社會脈落中努力建立關係的，我們不應該低估如此背景所造成的差異。
* 同性友誼的性別差異在幼齡時期就已浮現，並且一直貫穿至整個成人時期。研究指出：相較於男性之間的友誼，女性之間的友誼傾向更親密、更強烈，並且對彼此更重要。女人使用友誼來作為分享秘密的工具；男人則與能夠分享活動的人交朋友。並沒有研究發現指出男性在分享親密的能力上與女性的有任何差異，所以在他們的友誼中缺乏親密，只不過是他們偏好如此風格的關係。

  達克與萊特相信，這些差異或許被過度誇大了，即男性與女性也都能夠體貼、支持，從單純與朋友聊天中獲得愉悅。
* 異性戀關係中的跨文化差異可以從對婚姻的研究取向中看出。許多研究把文化區分成兩種：一種是個人主義文化（大部分的西方國家），在

這種文化中，個人的目標最重要；另一種是集體主義文化（大部分的東方國家，包括中國），強調團體目標。在個人主義文化中，個人對婚姻伴侶有較大的選擇權，而選擇的依據則傾向以浪漫的愛為基礎。在集體主義文化中，則比較可能出現「指婚」（受到安排的婚姻），從中交涉的近親會對婚姻伴侶的選擇有極大的影響力，而其選擇大抵是以職業與階級地位為準則。迪恩與迪恩（1993）認為：個人主義文化對依賴、自制與自主性的重視，可能會使得西方婚姻所期待的親密感難以達成或維持，因此促成了高離婚率。

## 進一步閱讀

### 關於同性戀關係

*Kitzinger, C. and Coyle, A. (1995) Lesbian and gay couples: speaking of difference, The Psychologist 8 (2) (February), 64-9* 這篇文章認為：女/男同性戀伴侶的關係時常被誤認為與異性戀伴侶的關係類似，但兩者其實有許多重大的差異。

*Wood, J. and Duck, S. (eds) (1995) Understudied Relationships*《未竟完善研究的關係》, *Thousand Oaks, CA: Sage. Huston*與*Schartz*所撰的第四章，考慮了獲得這類研究樣本所面對的問題，並且相當仔細地整理了同性戀關係的各個面向（包括求愛、性、權力與公平、以及社會的影響）。

### 關於同性友誼的性別差異

*Miell, D and Dallos, R. (1996) Social Interaction and Personal Relationships*《社會互動與個人關係》, *London: Open University Press.* 見*Robert Hinde*在"*Gender differences* *in close relationships*"《親密關係中的性別差異》的文章（*pp.324-35*）。

*Goodwin, R.(1995) Personal relationships across cultures*《跨文化的個人關係》, *The Psychologist 8 (2) (February)*,*735*. 這篇文章探討文化差異對日常關係的影響。

*Smith, P.B. and Bond, M.H. (1993) Social Psychology Across Cultures*《跨文化的社會心理學》, *New York: Harvester Wheatsheaf (pp. 138-142)*. 相當簡短而中肯地觀察跨文化的親密關係。

# Chapter 9

# 研究學習指導

# 改善你的文章寫作技巧

當你閱讀到這裡時，應該已經獲得了足夠的知識並可以應付考試。回答問題是一種技巧，而這一章將告訴你該如何改進並獲得這些技巧。閱卷者對於答案的完整性會有一些基本的想法。最重要的疏失在於學生並沒有提供閱卷者想要知道的支持證據。一般而言，一份成績C的答案並沒有重大的疏失，不過卻在細節與個人評論上沒有加以著墨；而閱卷者認爲，學生應該還能夠寫出更好、更順暢的答案。想要把成績提高到A或B或許只不過是需要更詳盡的內容，對資料有更好的掌握，以及文章組織有連貫性。藉由研讀本章中所列舉的例子，以及閱卷者的評論，你將學習到獲得高分的秘訣。需要注意的是：練習文章中閱卷者所做的評論只能夠作爲參考方針，不應該全盤接受。只是代表一位AEB閱卷者所會給的「原始分數」(raw marks)。即是，每個問題值24分，並分成技巧A(描述性)與技巧B(評價性)部分。關於這點，可以參考Paul Humphrey的Exam Success in AEB Psychology的附錄表格C。這些分數並不是學生最後會在考試認證中看到的分數，因爲所有的考試委員會都需要使用一種稱之爲Uniform Mark Scale(UMS)的標準化系統，使原始分數調整至一個所有考試委員會都可以接受的單一標準。

大概會有三十至四十分鐘的時間，容許學生來應付這些論文題（額外的時間則留作構思與檢查）。每一篇回答都會就優點與弱點而詳加評論。最常看到的問題是：

◇ 未能依照實際問題來回答，故表現不出應有的水準。
◇ 缺少評估或評價——許多文章因為缺少這點而顯得疲軟無力。
◇ 太多評論卻太少描述。描述的作用在於顯現出你對於題目的知識與瞭解。
◇ 寫下「知道的每件事」，以期能夠獲得分數。但事實上，優秀的文章是必須經由篩選、「移除」一些與問題無關的資料才能夠切題。

想要瞭解更多關於如何寫出好論文的資訊，請參考 Exam Success in AEB Psychology（Paul Humphreys）等一系列的書籍。

## 練習文章一

描述並評估心理學對關係崩解（破裂）做過的研究。（24分）

〔AEB，1998年暑假〕

在答案中，描述心理學對關係崩解（破裂）的研究可以獲得十二分，另外十二分則是來自於你對這些研究的評價。

## 參考答案

西方人的關係通常具自主性，並且不容易持久，所以大多數的人在他們的生命中必然有過關係破裂的經驗。這樣的情形較不容易發生在非西方的文化中，因為其關係具有強制性與穩定性。

許多理論都對關係如何形成提出解釋，而其中一些理論可以用來解釋關係為什麼會破裂。

社會生物學主張：可以從基因傳遞的觀點，來解釋為什麼我們人類的許多行為與動物的行為相仿。*Wilson* 認為：男人想要「到處播種」，以確保他們獲得較多的機會來傳遞自己的基因，女人則希望照顧下一代，並想要看緊能夠照顧她們的男人。這個理論或許能夠解釋當男性忙於希冀擁有許多不同的關係時，原本的一段關係也就趨於斷裂。

增強與需求滿足理論主張：我們是為了要使我們的需求獲得滿足，而進入到關係中，並且從中獲得增強。這樣的主張暗示：關係的破裂是因為伴侶的需求（單方面或雙方面）不能再獲得滿足，以及關係再也不能獲得增強而導致關係瓦解。

社會交換理論與公平理論則認為：我們投入關係的原因是為了想看看我們能從中獲得些什麼。如果關係中沒有以公平性為基礎，我們投入的時間、精力無法獲得相對的回收，我們就會變得不滿並且想要結束關係。

關係為什麼會破裂，有各式各樣的原因，像是缺少公平性、不同興趣、或對關係感到無聊單調。如果關係中存在著上述其中一個特徵，人們就很有可能會覺得受夠了，並想要結束關係。

研究顯示，關係破裂會歷經四個階段。在第一個階段，其中一方開始對關係有所不滿。這樣的情形會持續到下一個階段伴侶決定分手時。在第三階段，關係的決裂變得公開，伴侶尋求能夠從友人身上獲得社交支持。第四階段則是「殘局修整」階段，雙方在沒有前任伴侶的狀況下組織自己的生活，並開始向別人提出自己對先前那段關係的說詞。

研究顯示：當一段關係破裂時，女人會比男人擁有較多的社交支持，這是因為她們有較多的朋友，與自己的家人較為親近，並且會比較依賴傾談對象，以便能夠從分手中獲得平復。

研究顯示，關係破裂也會對健康與快樂有決定性的影響。很多報告發現：離婚者會比結婚者更容易獲得精神疾病，但這或許也是關係一開始會斷裂的原因。

然而，仍有百分之七十五的離婚者陳述自己非常快樂，還比單身貴族的比例略高一籌。其它證據也說明了離婚可以使人們較快樂，因為他們在之前的婚姻中並不感到快樂。許多離婚者在他們的報告中，都表現出能夠再回到單身時所感到的更多喜悅，因為他們可以擺脫焦慮的來源——先前的配偶。

研究也顯示：當關係結束後，女性比較容易有經濟上的隱憂，因為男性通常是主要的經濟來源。

整題而言，有很多研究告訴我們關係破裂的成因，以及它對健康、快樂的影響。人際關係是我們生活的一個重要部分，因此關係破裂可能會對我們造成極大壓力。然而，關於關係破裂的跨文化研究卻寥寥可數，或許這是因為在非西方的文化中，關係顯得具有強制性以及因此也較具穩定性所致。

## 閱卷者的評論

就描述層面來看，這篇文章有合理的內容：它含括了數個理論，一個關係破裂的模型，以及關係崩解對健康與快樂的影響。回答者對於理論也有合適的運用，並描述了關係可能破裂的原因。雖然沒有提到達克，對於他的關係破裂階段模型還是簡短適當地含括了，此外，提到女性在一段關係結束後會比男性獲得較多的社會支持，也會獲得一些分數。然而，幾乎沒有標明任何特定的研究，也沒有名字、日期或深入的部分。所以這篇文章的描述性部分大概可以在 12 分當中拿到 7 分。

這篇答案的眞正弱點在於個人的評估極為有限。在一開始看來還不錯的第一段有一些應用（參考到關係破裂的文化差異）之後，就幾乎完全是描述性的內容，直到最後，才開始有評論。事實上，所提到的這些理論一社會生物學、增強與需求滿足、社會交換論、公平理論一都可以有簡短的評論，而這樣做將會使得整篇文章在品質上有大大的改善。例如，社會生物理論的爭議之處，在於它預測關係可能破裂是因為從生物性的角度來看，男人傾向會「散播自己的種子」因而離開他們的伴侶。有些學者則會認為是文化規範使得男人這樣做是可以接受的，因而鼓勵了「到處播野種」的想法。必須記得問題要求你去評價理論。的確有研究支持社會生物理論，可是沒有出現在答案中，所以這個理論並沒有被評論到。同樣地，並沒有提到用來支持其它理論的研究，像是生態效度與有限的研究範圍等評論性要點，就沒有討論到。學生並不需要仔細地描述研究，但是他們可以評估過去作過的研究類型。此外，這篇回答中也沒有包括這些理論的應用或蘊涵一而這是好的評價應該含括的。

研究關係破裂對健康與快樂的效應這一部份是評論性的，不過有點來得太晚。這樣的結果其實是相當令人惋惜的，因爲寫這篇文章的學生，忽略了24分當中有12分是在評估與評論上，而這一點是問題所開門見山要求的。因此，這一部份的分數只能夠拿到3分左右。

那麼，整體而言的話，這篇回答只能夠從24分當中拿到10分，大概是E的成績。

## 練習文章二

(a) 描述兩種對關係形成的解釋。

(b) 評估在關係的本質中，文化差異的程度。

【AEB，1998年暑假】

處理問題(a)時，只需要描述性的答案，不需要評論就能夠獲得12分。問題(b)則需要評估文化差異存在於人際關係的程度，而這個部分值12分。

注意：在處理問題(b)時，你可以寫有關人際關係的任何層面（譬如愛與親密）。你不一定要把你的答案限制在關係的形成上所展現的文化差異，可以更自由地探索關係的任何層面。

## 參考答案

(a)

我們投入關係主要是因為我們發現它們有報償性。*Argyle*認為：關係，尤其是配偶關係，是我們生命中愉悅的最大來源。然而，它們也有可能是我們生命中最大的痛苦來源。

*Argyle* 支持下列關係形成的一般概念：

◇ 溝通：創造關係的第一步。
◇ 接觸：與某人見面，開始瞭解他／她是怎麼樣的一個人。
◇ 共同興趣：相互喜歡的基礎。
◇ 相容性：一種明確的喜歡，與某人進展成功。

雖然這些概念不是理論，*Argyle* 還是以這些概念為基礎，認為關係的開始是因為三個因素：

◇ 身體吸引力
◇ 熟悉度
◇ 接近性。

這三個因素可以適用於任何人際關係，並且相當能夠作為日常生活中關係形成的基礎。其它因素也可能會對關係的形成有所影響：

◇ 察覺到的相似性。
◇ 互惠式的喜歡。
◇ 互補性。
◇ 才能。

這些因素就如同 *Argyle* 的三個因素，同樣相當令人信服。雖然，在強調「如果我看不見它，我就不知道我是否會喜歡它」的西方社會中，我們可以只用 *Argyle* 的三個因素來看待關係的形成，但是在非西方的文化中，或許上列的所有因素都不能適用於解釋關係的形成。

*Levinger* 也提出了一個模型，用來描述我們在關係中所經歷到的五個時期。這個模型是：

1. 相識（*Acquaintance*）。
2. 建立（*Buildup*）。
3. 強化（*Consolidation*）。
4. 惡化（*Deterioration*）。
5. 結束（*Ending*）。

這個模型也可以稱為 *ABCDE* 模型。從這個模型中，我們可以看到第一與第二時期是關於關係形成的理論。相識必然發生於任何類型的關係可能形成之前，並因而決定了相遇的命運——這段關係是會持續，還是驟然停止？如果決定要繼續，關係的形成就移至下一個「建立」時期。在建立時期中，彼此的連結與立即性的喜歡、討厭會有所成型，而雙方之間對報償的最初協商也會開展（如同在*Walster*等人的公平理論中，在一段關係中，彼此最先採取的行動會是對報償——諸如愛、性、尊重、地位——等方面進行協商）。

（*b*）

關係的文化差異在西方與非西方文化之間相當明顯。*Moghaddam*等人的研究，很多都是著眼於西方與東方世界中的人們，形成關係的種種不同方式。在西方，關係的形成非常重視個人的選擇與偏好，很少牽扯父母親等其他人。地理位置也有可能是關係成型的一項決定性因素，但相較於非西方文化中截然不同的方法，這或許可能被視為不重要。非西方文化是以家庭／親屬關係為導向，整個家庭決定並影響了家庭中年輕、單身成員的一切社會與人際關係。

*Moghaddam*等人提出了下列理論。西方文化中所醞釀的關係是：

◇個人主義的（由個體做選擇）。

◇自主性的（有選擇權）。

◇短暫的（可以在任何時候終止）。

然而，非西方的文化則以一種截然不同的方式來處理關係。這些文化所醞釀的關係是：

◇多人決定的（許多人來為一個人做選擇）。

◇義務性的（對於結婚的對象沒有選擇）。

◇永久的（沒有終止的可能性）。

雖然從西方文化的角度來看，這樣子並不公平，一些心理學家卻認為這樣的關係較具有緩衝的空間，而不是直接了當就終止了。

此外，西方文化研究關係的取向認為必須要有終止的選擇，而這或許會對個人的心理健康造成影響，例如 *Cochrane* 指出：離婚者的心理出現問題的機率是一般人的七倍。而心理健康問題在非西方國家遠比西方國家低很多，這可能是因為非西方文化所提供的非常強烈的親屬／家庭／社會支持。

*Argyle* 也指出：西方的關係對人們施壓，認為不快樂必然會在關係終止後出現，尤其是其中涉及死亡時更會如此。但是有些人的確很高興能夠結束一段關係。

反觀非西方文化雖然沒有「脫離關係條款」，但是在面對困境時會有一個強力的支持結構。而在西方文化中，我們雖然沒有龐大家庭脈絡的支持，卻有終止關係的選擇，而這個選擇權或許是有好處的，尤其當關係充滿暴力時。

## 閱卷者的評論

部分(a)：當你被要求做出特定數量的解釋時，如同在這個例子，明智的做法是清楚地標明區分每個解釋。列出你想要使用的解釋理論是相當聰明的一件事。然而，在這個參考答案中，我們卻不能夠很清楚地看到到底是哪兩個理論被討論。這個答案最開始雖然有適當的解釋，卻沒有表達得很清楚，部分原因是條列的形式很容易簡化並忽略一些重點。在這個例子中，我們就可以看到雖然列出了一些重要、相關的因素（身體吸引力、熟悉度、接近性），但卻找不到這些因素是如何影響關係的形成之解釋。記住：問題有特別指明要解釋部分，不只是描述關係的形成。

大致上介紹了 Levinger 的理論部分因爲提到了在建立時期牽涉到報償，故獲得一些分數。

因爲這些解釋部分只有相當表面的含括，主要是以列出因素的形式，所以這部分的答案只能夠從 12 分當中獲得 6 分。

下次如果要獲得較好的成績，記得首先要清楚地決定你所要含括的兩個解釋，然後就每一個解釋做更明確的描述。第三章所含括的理論可以提供適當的解釋：增強一情感裡論、社會交換理論、公平理論與社會生物學。清楚你要討論哪兩種解釋是很重要的，並且不要討論到其他理論，因爲你並不會因此獲得其它分數。

部分(b)：問題第二部分的回答比第一部份的回答好很多。這一部份陳述了要討論的文化差異（東方與西方之間），並且清楚地顯示東方與西方關係中的主要特徵。然後指出以這些關係爲基礎的取向之優缺點，包括了終止關係的選擇權，與離婚的正負面效應。這一部份的答案有一些累贅，但基本上，內容充分且具連貫性。所以這部分的答案可以從12分中得到8分。

要如何改善呢？首先，學生不應該把東西方之間的差異視爲兩極（這位學生實際上是把兩種取向視爲「極端相反」）。這樣的文章所呈現的印象是，在西方的社會中，人們有完全的選擇自由（只要你不是少數族群的話），而在東方的文化中，人們則完全沒有選擇。然而，西方國家的人們選擇結婚伴侶也會受到父母與文化期望的影響，而處在東方文化中的人們也極少對他們的結婚伴侶完全沒有選擇。如同我們在第八章看到的，我們不能夠混淆指婚與強迫性婚姻，畢竟後者相對而言較少見。另一個可以改善的地方在於細論導致關係取向的文化特徵部分。許多學生的文章似乎都有以條列方式來表達想法的傾向。雖然這樣做可以幫助你學習，卻不能夠讓你的文章有好的架構與適當地細論。如同我們在這篇參考答案中看到，這位學生試著在每個特性後以括弧的方式來評論。如果你這樣做，是可以因爲資訊（內容）而獲得分數，卻不是因爲適當的組織。

那麼，整體而言的話，這篇回答只能夠從24分中拿到14分，大概是B到C之間的成績。

## 練習文章三

**討論人際關係對個人心理健康的一些效應與影響（例如，快樂與健康）。（24分）**

**（AEB 1997年夏天）**

## 參考答案

擁有關係，不論它們是不是屬於親密的一種，都是非常重要的。知道你可以求助於某人是令人感到舒坦的一件事。

快樂會找上結婚者更勝於單身者。結婚的人們會比那些離婚者或單身者快樂，並且活得更久。這意味著，可想而知，他們也會比較健康。而有些人雖然因為逃脫一段關係而獲得舒解，卻不太可能快樂，只是沒以前那麼悲慘而已。

離婚較易使男性不快樂，而非女性。當關係破裂時（通常是女性採主動，尤其當關係是一段婚姻時），女性傾向會從朋友身上獲得社會支持。男性則會找另一個結婚對象——男性的再婚會比女性快很多，可是卻又時常不那麼成功。第二次婚姻的失敗率會比第一次高。

心理學家認為男性再婚的原因是因為他們不像女性有那麼好的友誼，他們也不會傾訴苦惱，因為他們不喜歡談論親密事宜。這顯示人們的確需要關係，並且不喜歡孤獨一個人。女性似乎從朋友身上獲得支持，男性的支持則來自於婚姻，所以在這一點上，兩性是有差異的。然而他們都需要關係——只是不同類型。

研究顯示：壓力會對個人的健康有重大的影響。最快樂的人是那些不用擔心的人，而這一點與婚姻生活較有關聯，而非單身狀態。如果一個人在關係中承受壓力或生活因此緊繃，可能容易導致諸如感冒、發燒等疾病。眾所皆知，壓力對免疫系統有極大的影響。相反地，一段關係所提供的支持與幫助有助於減低壓力。調查發現：相較於單身者，結婚的人們較容易從嚴重的疾病中復原。這或許是因為伴侶會照顧你，或只因為知道他們在那裡、並且關心你使你感到較安心、較沒有壓力，所以好得也較快。

失去所愛的人，或甚至是一位非常要好的朋友，對我們都有可能會是一個難以應付的沉重負擔。這很可能會降低我們的健康水準，因為我們可能會忽略或不想要飲食、或保持衛生等維生所需。這可能會影響個人的健康甚鉅。

離婚或分居的人們會比結婚者更容易患心理疾病或自殺。

## 閱卷者的評論

儘管這篇文章的確包括了一些相關的資訊，它的結構不好並且相當散漫。你獲得的印象是這個學生對於這個特殊的領域一點也沒有信心，並且是邊寫邊想如何處理這個問題。不管你對於一個主題領域知道的多或少，都值得花時間訂個計劃，這樣子才能夠適切地組織你所握有的資訊。在這篇文章中，這位學生在健康與快樂的議題上前後擺盪，缺乏方向感。離婚與分居的效應東扯一點、西扯一點，並且沒有眞正的介紹或結論。這篇文章的描述部分大概可以從12分當中獲得6分，因爲儘管它一般而言是正確的，卻在內容與細節上相當有限。

這篇文章也明顯在評價與評論部分有所不足。雖然簡短提到了關係如何影響健康與快樂，這樣的評論顯得相當粗淺。同樣的情況也發生在對性別差異的評論上，儘管這個部分還有多一點的著墨。值得注意的是，這篇文章也缺乏考慮到爲什麼健康與快樂和婚姻之間有關係。我們至少需要考慮到（即使我們在後面會推翻）一個概念：並不是結婚導致人們更快樂與更健康，而是健康與快樂的人被選爲伴侶。同樣地，人們離婚或許是因爲他們沮喪、精神異常或酗酒，而不是因爲離婚而沮喪、精神異常或酗酒。也有證據顯示或許不是這樣的情形，但在這篇文章中，我們看不到任何的論點或證據方向。至於健康方面，我們也看不到關係有「緩衝」效應的這個概念有更進一步的說明。使用的資訊需要進一步評論，才能夠獲得好分數。

人生中有許多人際關係，但這位學生大部分把焦點放在婚姻上（雖然並不是全部）。就研究的性質來看，這是可以理解的，但在一篇好的文章中，應該指出還有其它人際關係。

既然這篇論文的評論／評價部分很表面，而對關係與心理健康之間的連結之評價也是缺乏深度，它只能夠從 12 分當中得到 4 分。全部的分數大約只能夠從 24 分當中拿到 10 分，E 的分數。

# 重要研究文章摘要

## 文章一

'Importance of physical attractiveness in dating behaviour'（約會行爲中外表吸引力的重要性）, Elaine Walster, Vera Aronson, Darcy Abrahams and Leon Rottmann in Journal of Personality and Social Psychology (1966) 4 (5), 508-16

## 介紹

這項研究是一個田野調查，裡面的受試者伴侶是透過一項龐大的「電腦約會」安排而配對。要驗證的有三個假說：

1. 社交上較受喜愛的個人（就外表吸引力、個性溫和、或擁有物質財產等等）會獲得較多的歡迎，而不是那些社交上較不受喜愛的人。
2. 在社交狀況下見面時，那些社交受歡迎程度相似的伴侶最常試著彼此約會。

3. 人們不只選擇與社交受歡迎程度相稱的人約會，也最喜歡這些人。

## 方法

### 舞會前

貼出一張廣告，裡面內容是邀請新生買票來參加一場由電腦配對、尋求異性伴侶的特別舞會。這場舞會是「歡迎週」的一個活動——明尼蘇達大學專門爲新生所設計的衆多活動之一。

當學生前去買票時，四個售票人員暗中紀錄下他們的外表吸引力（這是所做的唯一社交受歡迎程度的測量）。這樣的評量刻意地在非常短的時間內完成，或許只有一到兩秒，以確保不會考慮到其它諸如個性或智力等特質。使用的是一個八分量表，分數從1（極不具吸引力）到8（極具吸引力）。

在學生買完票後，他們必須完成一份假裝是用作配對用途的問卷。然而實際上，約會是只根據一項條件而隨機分配的：男性必須高於女性。然後，這些學生知道他們約會對象的名字，並且被建議在舞會時才第一次見面，但是許多伴侶還是安排首先在女孩子家中見面，然後一起抵達舞會現場。

## 在舞會中

在376對買票的伴侶中，有332對出席。在中場休息時，男生與女生被要求去不同的房間，填寫對他們的約會對象與跳舞本身的評估問卷。這些資料是保密的，但是票的號碼有線索（每一對都有相同的號碼）。參與者被鼓勵要誠實回答所有的問題。在332對伴侶中，只有5對沒有完成問卷。因此，資料來自327對伴侶。

參與者被要求評論的主要項目有：

(*a*) 他們有多喜歡約會對象。
(*b*) 約會對象的外表吸引力與人格吸引力如何。
(*c*) 約會對象的態度、價值觀、信念與自己有多相似。
(*d*) 是否願意再與約會對象見面。

## 約會後

接下來的追蹤調查是在四到六個月期間，確定參與者是否仍試著在舞會後，繼續與他們的電腦配對對象見面。有十對伴侶無法聯絡到。

## 結果

**假說 1**：個人愈具吸引力，會認爲對方愈不具吸引力，並且愈不想再見到他們的約會對象。因此，假設 1 是：社交上較受喜愛的個人（就外表吸引力、個性溫和、或擁有物質財產等）會獲得較多的歡迎，而不是那些社交上較不受歡迎的人。

**假說 2 與假說** 3：這兩個假說是一起測試的。它們兩個都符合「配對假說」，認爲：(a) 人們會最常選擇與他們本身有相似吸引力的對象約會，(b) 如果可以從各種程度的吸引力中做選擇，人們會比較喜歡具備相似程度吸引力的對象。

這三個假說都沒有獲得支持。男生不會只嘗試與具有類似吸引力的人們約會。是否尋求再次約會的唯一重要決定因素是：約會對象有多吸引人。最具吸引力的女孩最常被要求繼續約會。不論這個想要約會的男子外表如何，這大抵都是眞的。並沒有一個明顯的傾向顯示參與者會與同他們自身的外表吸引度相似的對象約會。

假說 3（喜歡吸引力程度相似的對象）也不成立。而且有一個普遍的規則：不論性別，愈具吸引力的人們，愈容易被喜歡。研究者曾經假設，外表吸引力對女性在評斷男人時，會是一個顯然較不重要的決定因子——可是他們錯了。

## 限制

這些發現在數個層面上有所限制。使用的環境是一個大團體的情況，使得人與人之間的接觸很短暫。或許當他們在一段時間之後有進一步的認識，態度、興趣與信念的相似會比外表吸引力更重要。這些結果是以18歲年輕人爲樣本，因此不能夠概括化至年紀較大的族群，因爲對他們而言，共享的價值觀或許更重要。

## 結論

一個人是否喜歡他們的約會伴侶，唯一重要的決定因子是那個人的外表吸引力。

## 文章二

'Men as success objects and women as sex objects: a study of personal advertisements'（**作爲成功對象的男人與作爲性對象的女人： 對個人廣告的研究**）, Simon Davis in Sex Role (1990) 23 (1/2), 43-50

# 介紹

先前的研究指出：在選擇長期性伴侶時，男人強調外表吸引力與性感的程度遠比女人來得高，而這樣不只出現於一個文化中而已（Stiles 等人, 1987）。女人，相對而言，則傾向重視心理與個性上的特質，並且尋求的是一段長期、承諾的關係。她們也比男人更強調對方的經濟能力。

先前的研究指出：男女間這些不同的優先考量可以在「寂寞芳心」這一類的廣告中發現。哈里遜等人（Harrison et al., 1977）發現：女性比較容易強調經濟能力，而男性則比較強調吸引力的重要。杜爾斯和路易斯（Deaux & Lewis, 1984）也得到類似的結果。他們發現：相較於男性，女性比較會去重視一段關係中的縱向面與品質。

這個研究這一次是針對加拿大地區報紙中個人廣告的特徵。它尤其檢視了傳統刻板印象是否仍然操作；即女性被視爲性對象，而男性則被視爲成功對象（成功是就智力成就與經濟成就而言）。

## 方法

個人廣告來自週六的溫哥華太陽報的六個版面（爲時超過一年）。只找尋求異性戀伴侶的廣告，以及這些廣告中載明期待伴侶的特質才列入分析（例如，登廣告者的興趣、嗜好就不列入考慮）。

列於廣告中的屬性可以歸爲下列幾類：

1. 吸引力：指對方應該「漂亮」或「英俊」。
2. 體格：指伴侶應該「苗條纖細」、「強壯」或「有好身材」。
3. 性：指伴侶應該「有高度性趣」或「性感」或「色情的」。
4. 相片：指應該附照片。
5. 專業：指伴侶應該有專長。
6. 有否職業：例如，「必須要有穩定的工作」。
7. 經濟狀況：指伴侶應該「金錢不虞匱乏」或「經濟獨立」。
8. 教育程度：指伴侶應該「大學畢業」或「受過良好教育」。

9. 智力：指伴侶應該要「聰明」、「明朗」。
10. 誠實：指伴侶應該要「誠實」或「有統整性」。
11. 幽默：指「幽默感」或「使人開心」。
12. 承諾：指關係應該「長期」或「以婚姻為目標」。
13. 情感：指伴侶應該「熱誠」、「浪漫」、「能提供情感上的支持」、「敏感」、「回應性佳」。

除了這十三個屬性外，還收集了其它兩項資訊：廣告的長度與登廣告者的年紀（如果看不出年齡，就剔除）。

## 評分

如果提到任何一個上述的十三個屬性，就記一次分數，不論這個屬性在此一個廣告中被提到多少遍，都只記一次分數。

然後執行一次卡方分析（chi-squared analysis test），男性／女性在一個向度，而屬性（被要求／不被要求）則在另一個向度。（指13個卡方考驗是在這部分的分析中執行，每一個都是2 x 2，男性／女性x屬性被要求／不被要求）。

數個個別變項然後結合，以獲得（a）身體因素(屬性 1-4）、(b）職業因素（屬性 5-7）、(c）智力因素（屬性 8 與 9）的整體重要性。

## 結果

總共使用了 328 個廣告（不包括同志廣告）：其中有 215 份是男性刊登（65.5%），113 份是女性刊登的（34.5%）。登廣告者的平均年齡是 40.4 歲，男女相似。下表摘露了這些結果。

如同此表所顯示：十三項屬性中有十項是顯著的。

| 性別 | | | | | | |
|---|---|---|---|---|---|---|
| 變項 | 男人渴求的 | | 女人渴求的 | | P | (chi-squared) |
| 吸引力 | 76 | (35.5%) | 20 | (17.7%) | <0.05 | (11.13) |
| 體格 | 81 | (37.7%) | 27 | (23.9%) | <0.05 | (6.37) |
| 性 | 25 | (11.6%) | 4 | (3.5%) | <0.05 | (6.03) |
| 相片 | 74 | (34.4%) | 24 | (21.2%) | <0.05 | (6.18) |
| 專長 | 6 | (2.8%) | 19 | (16.8%) | <0.05 | (20.74) |
| 有否職業 | 8 | (3.7%) | 12 | (10.6%) | <0.05 | (6.12) |
| 經濟狀況 | 7 | (3.2%) | 22 | (19.5%) | <0.05 | (24.26) |
| 教育程度 | 8 | (3.7%) | 8 | (7.1%) | NS | (1.79) |
| 智力 | 22 | (10.2%) | 24 | (21.2%) | <0.05 | (7.46) |
| 誠實 | 20 | (9.3%) | 17 | (15.0%) | NS | (2.44) |
| 幽默 | 36 | (16.7%) | 26 | (23.0%) | NS | (1.89) |
| 承諾 | 38 | (17.6%) | 31 | (27.4%) | <0.05 | (4.25) |
| 情感 | 44 | (20.5%) | 35 | (31.0%) | <0.05 | (4.36) |

NS= not significant （未達顯著水準）

三個最大的差異是吸引力、專長與經濟地位。在吸引力這一點，男性比女性會重視體格、性與要求照片。在專長這一點，女性則比男性重視職業、經濟地位、智力、承諾與情感。女性也比較會指出教育、誠實與幽默，但是沒有達到顯著標準。

可以分成幾個大類：

1. 身體類別（屬性 1-4）是男性通常比較會顯著要求的。
2. 職業類別（屬性 5-7）是女性通常比較會顯著要求的。
3. 智力類別（屬性 8 與 9）是女性通常比較會顯著要求的。

一項最後與重要的發現是：身體特質是男性與女性最要求的屬性。

## 討論

結果顯示：兩性仍遵從刻板的性別角色需求。在選擇女性伴侶時，男性比較有可能會以外表作爲要求的特質，而不是以經濟與智力，而女人則尋找高智力、經濟地位安全以及準備承諾的男性。

然而，這類型的內容分析有其方法論方面的限制。刊登廣告的人並不能代表一般大衆。這個團體的平均年齡是 40 歲，並不是一般的求愛情形，因此我們必須考慮年齡是一個混淆變項。年紀較長的單身人們不一定與較年輕的人們有同樣的要求，因此我們不一定可以從這些結果中，太過概括到其他年齡層的人們。

## 需要考慮的問題

1. 這項研究的結果與社會生物學在伴侶選擇的理論上有何相關？（在第三章討論。）
2. 年齡在哪些方面上可能會在這一類的研究中是一個混亂變項？而在尋求異性戀伴侶時，一個年紀較長者的喜好，會與年紀較輕者的喜好有什麼不同？
3. 在上面的研究中，男性登廣告的數量幾乎是女性的兩倍。你可以想出為什麼會造成這個差異嗎？

## 文章三

'An exploratory study of love and liking and type of marriages'（一個對愛、喜歡與婚姻類型的探究型研究）Usha Gupta and Pushpa Singh (University of Rajasthan, Jaipur). Indian Journal of Applied Psychology(1982) 19 (2), 92-7.

## 介紹

由於西化與工業化的結果，傳統的印地安生活形態已經有了不少改變。尤其，女性接受教育之後使她們對婚姻的概念有了改變。

在印地安社會中，雖然基於愛情的婚姻並非不普遍，但是指婚在社會中仍是普遍與較受偏好的方式。一般的信念是基於愛情的婚姻在早期階段是比較成功，而指婚從長遠的角度來看，婚姻中的愛情與喜歡會比較成功。然而這種一般其信念並沒有實證基礎。

這裡所報告的研究其目的是調查婚姻的類型、婚姻的時間及性別（男性與女性）對愛情與喜歡的效應。

## 方法

使用的樣本包括五十對結婚伴侶，其中有二十五對的婚姻是被安排的，另外二十五對的婚姻是基於愛情而結合。兩組的二十五對伴侶之組成都包括：

◇ 五對結婚達一年或一年內
◇ 五對結婚達一年與兩年之間
◇ 五對結婚達兩年與五年之間
◇ 五對結婚達五年與十年之間
◇ 五對結婚達十年或十年以上

這些受試者住在Jaipur城的外郊，並且是核心家庭。

接著施測魯賓的愛情與喜歡量表。在愛情量表上有九個項目，在喜歡量表上則有八個項目。兩個量表都是用李克九分尺度（Likert 9-point scale）來評分。

## 結果

下列是來自原論文的兩個表格。

| 愛的平均分數 | | | | |
|---|---|---|---|---|
| 持久年數 | 男性 | | 女性 | |
| | 愛 | 安排 | 愛 | 安排 |
| 0-1 | 71.6 | 53 | 68.8 | 62.8 |
| 1-2 | 74.2 | 60.6 | 73 | 65.4 |
| 2-5 | 73.6 | 70 | 73.4 | 68 |
| 5-10 | 56 | 70.2 | 51.2 | 69.6 |
| 10 以及以上 | 42 | 70.8 | 38.2 | 65.4 |

| 喜歡的平均分數 | | | | |
|---|---|---|---|---|
| 持久年數 | 男性 | | 女性 | |
| | 愛 | 安排 | 愛 | 安排 |
| 0-1 | 65.5 | 55.4 | 65.0 | 57.6 |
| 1-2 | 64.8 | 56.0 | 65.8 | 58.4 |
| 2-5 | 62.8 | 64.2 | 62.6 | 65.6 |
| 5-10 | 56.8 | 65.6 | 63.6 | 68.6 |
| 10 以及以上 | 54.2 | 61.4 | 66.8 | 64.0 |

如同上面兩個表格所顯示，在基於愛情的婚姻中，愛情傾向一開始有較高的水準，並且顯現明顯的減少；在指婚中則相反：愛情以相對較低的水準開始，並且逐漸增加（男性比女性幅度大）。至於「喜歡」，也有相同的類型，不過在新婚與久婚之間的差異，則不像愛情量表那麼極端。

一個結果統計分析的簡版如下：

| 分析「愛」的變異數 | P |
|---|---|
| 性別之間 | NS |
| 婚姻類型之間 | <.05 |
| 持久之間 | <.01 |
| 性別×婚姻類型 | NS |
| 性別×持久 | NS |
| 婚姻的類型×持久 | <0.05 |
| 性別×婚姻類型×持久 | NS |

| 分析「喜歡」的變異數 | P |
|---|---|
| 性別之間 | <.01 |
| 婚姻類型之間 | NS |
| 持久之間 | NS |
| 性別×婚姻類型 | NS |
| 性別×持久 | NS |
| 婚姻的類型×持久 | <.01 |
| 性別×婚姻類型×持久 | <.05 |

NS= not significant （未達顯著水準）

統計分析顯示：婚姻的類型對愛情，而非對喜歡有重大的影響。當時間愈來愈長，愛情與喜歡會在基於愛情而結婚的伴侶身上減少，卻在指婚的伴侶身上增加。這個差異在愛情上很明顯，在喜歡上則沒有那麼顯著。

整體而言，妻子會傾向喜歡她們的丈夫，比她們的丈夫喜歡她們還要多。相對地，丈夫則傾向愛他們的妻子，比他們的妻子愛他們還要多（儘管這個差異相當小而不顯著）。這些作者認爲魯賓（1970）也發現到男性傾向比女性更討人喜歡，卻不是更可以愛。

## 結論

婚姻類型、持久性與性別在愛情與喜歡上，扮演相當重要的角色。哈羅（Harlow, 1958）寫到：就描述愛情而言，心理學家並沒有達成他們的任務。我們現在需要承認這個失敗。魯賓的愛情與喜歡量表是第一步嘗試，而這裡所報告的論文則以此爲基礎，又往前推展了一點，讓我們更加瞭解到愛情與喜歡的概念。

# 名詞解釋

下列這些名詞在本書中第一次出現時都會以粗體字出現。

**親和**（affiliation）
尋求他人陪伴的欲望或動機，不論你對他們的感覺如何。

**依附**（attachment）
一種兩人之間持久的情感連結；通常用來指存在於嬰兒與特定的照顧者之間的情感關係。

**依附風格**（attachment style）
個人與生命中重要他人互動的典型方式。依附風格反映了母親－嬰兒關係，有安全型、逃避型與不平衡型。

**歸因**（attributions）
我們對於他人行爲的原因所做的假設。歸因通常可以歸類爲外在的（因爲環境）或內在的（因爲人格）。

**社會支持的緩衝效應**（buffer effect of social support）
此一效應指：相較於感覺到沒有社會支持的人，感覺自己能夠從他人身上獲得社會支持的人較不會受到壓力事件的影響。

**古典制約**（classical conditioning）
先前的一個中性刺激，因爲與一個會引起特殊反應的刺激有所連結，進而引發相同的反應。古典制約因而涉及了連結的學習。

**集體主義社會**（collective society）
一個強調相互依賴、合作與社會和諧的社會，其社會性目標優先於個人目標。

**友伴的愛**（compassionate love）
我們對那些與我們的生活有緊密關連的人們所感受到的情感。

**比較基準**（comparison level）
在席伯特和凱利（Thibaut & Kelly）的社會交換理論中，比較基準是個人用來判斷一段關係的結果是否滿意的標準。這個標準視社會規範與個人的期望而定。

**替代方案的比較基準**（comparison level for alternatives）
在席伯特和凱利（Thibaut & Kelly）的社會交換理論中，替代方案的比較基準是個人願意在一段關係中接受的最低結果，當其它的替代方案可以獲得時。

**相關性**（correlation）
一種用來建立兩個變項間是否有關係的方法。當兩個變項一起增加或降低時，相關是正向的；而當一個變項增加，另一個降低時，則是負相關。

**依變項**（dependent variable）
在實驗中測量的行為，探討這個行為是否會受到獨立變項的影響。

**生態效度**（ecological validity）
一項發現或理論適用於日常生活的程度。

**公平理論**（equity theory）
這個理論認為：人們期望在一段關係中獲得的滿意量與他們最初的投資成比例，而如果不成比例，他們就會感到不滿，並會試著要求以達到公平。

**交換導向**（exchange orientation）
人們期望在關係中有相稱的公平交換之態度。

**表達性友誼**（expressive friendship）
一種基於情感分享的友誼，常出現在典型的女性之間的關係中。

**田野研究**（field studies）
在並不是設計來做研究的日常生活環境中，進行的研究。

**過濾理論**（filter theory）
當論及人際關係時，過濾理論認為：我們選擇伴侶會經歷一系列的階段；過程中，我們會持續窄化、縮小選擇的對象。

**功能性距離**（functional distance）
兩人彼此接觸的可能性。

**獨立變項**（independent variable）
實驗中用來操弄的因素，探討是否會影響依變項。

**個人主義的社會**（individualistic society）
一種對於個人的權力、價值與興趣極度重視的社會，這些信念決定了這種社會的社會規範與價值觀。

**工具性友誼**（instrumental friendship）
一種基於分享共同活動的友誼，經常出現在典型的男性之間的關係中。

**吸引法則**（law of attraction）
吸引力水準與相似態度的比例（全部的相似與不相似態度中，相似態度所佔比率）之間的線性關係。

**配對假說**（matching hypothesis）
人們會傾向選擇與他們本身相稱的人作為朋友，特別就外表吸引力而言，但也會就智力、背景與態度等特性考慮。

**操作性制約**（operant conditioning）
學習發生在當一個反應之後緊接著一個增強物，導致這個反應出現的頻率增加。操作制約涉及透過結果來學習。

**機會樣本**（opportunity sample）
樣本獲選的原因是因爲容易獲得。

**熱情的愛**（passionate love）
一種強烈的情感狀態，涉及無從抵擋的柔情、焦慮、性慾等感覺。

**最低興趣原則**（principle of least interest）
這個概念認爲，對於持續一段關係較不感興趣的一方擁有較大的影響力與權力。

**比例假說**（proportional hypothesis）
相似態度的比例愈高，喜歡的程度就愈高。這個比例受到對方表達的態度，與我們的態度相似之數量而定。

**增強－情感理論**（reinforcement-affect theory）
一種人際吸引力理論，認爲我們會喜歡那些給我們酬償的人，以及我們可以與愉悅經驗連結在一起的人。

**排斥假說**（repulsion hypothesis）
不相似的態度會減少吸引力，但相似的態度卻沒有效應。

**自我揭露**（self-disclosure）
一個人對另一人揭露個人的資訊。

**自證預言**（self-fulfilling prophecy）
關於一個人的期望最後會變成眞實的歷程，這是因爲他／她會受到影響，並依照這些期望來表現。

**社會比較理論**（social comparison theory）
費司廷格（Festinger）的主要論點是：人們想要與他人比較，以評估自己的思想、信念與情感的適當性。

**社會交換理論**（social exchange theory）
人們在與他人的關係中，會尋求使報償達到最大化，並使代價減至最低。

**社會穿透理論**（social penetration theory）
當關係愈深入，自我揭露的範圍也會變得更深（更親密）更廣（包括更多的主題）。

**社會生物學**（sociobiology）
一種（爭議性的）取向，主張人類大部分的社會行爲是受到生物性的影響。

**刺激－價值觀－角色模型**（stimulus-value-role，SVR）
穆斯坦（Murstein）的模型，認爲選擇性伴侶的過程有三個階段：刺激階段、價值觀階段與角色階段。

# 參考書目

Adams, R.G. (1986) Friendship and aging, *Generations* 10, 40–3.

Ainsworth, M., Blehar, M.C., Waters, E. and Wall, S. (1978) *Patterns of Attachment: A Psychological Study of the Strange Situation*, Hillsdale, NJ: Erlsbaum.

Altman, I., Vinsel, A. and Brown, B.A. (1981) Dialectic conceptions in social psychology: an application to social penetration and privacy regulation, in L. Berkowitz (ed.), *Advances in Experimental Social Psychology* (vol. 14), New York: Academic Press.

Altman, L. and Taylor, D.A. (1973) *Social Penetration*, New York: Holt, Rinehart, Winston.

Argyle, M. (1988) *Bodily Communication*, New York: Methuen.

Argyle, M. and Henderson, M. (1985) *The Anatomy of Relationships*, Harmondsworth: Penguin.

Argyle, M., Henderson, M. and Furnham, A. (1985) The rules of social relationships, *British Journal of Social Psychology* 24, 125–39.

Aronson, E. and Linder, D. (1965) Gain and loss of esteem as determinants of interpersonal attractiveness, *Journal of Experimental Social Psychology* 1, 156–72.

Aronson, E. and Worchel, S. (1966) Similarity versus liking as determinants of interpersonal attractiveness, *Psychonomic Science* 5, 157–8.

Backman, C.W. and Secord, P.F. (1959) The effect of perceived liking on interpersonal attraction, *Human Relations* 12, 379–84.

Bank, S. (1992) Remembering and reinterpreting sibling bonds, in F. Boer and J. Dunn (eds), *Children's Sibling Relationships: Developmental and Clinical Issues*, Hillsdale, NJ: Erlbaum.

Baron, R.A. and Thomley, J. (1992) Positive affect as a potential mediator of the effects of pleasant fragrances on work-related behaviour, *Journal of Applied Social Psychology* 23, 1179–203.

Baudonniere, P-M. (1987) Interactions dyadiques entre enfants de 4 ans: inconnus, familiers et amis. Le rôle du degrée de familiarité, *International Journal of Psychology* 22, 347–62.

Baxter. L.A. (1984) Trajectories of relationship dissengagement, *Journal of Social and Personal Relationships* 1, 29–48.

Beach, S.R.H. and Tesser, A. (1993) Decision making power and marital satisfaction: a self-evaluation maintenance perspective, *Journal of Social and Clinical Psychology* 12, 471–94.

Becker, C.S. (1988) *Unbroken Ties: Lesbian Ex-lovers*, Boston, MA: Alyson.

Bee, H. (1992) *The Developing Child* (6th edn), New York: HarperCollins.

Berkman, L. and Syme, S. (1979) Social networks, host resistance, and mortality: a nine year followup study of Alameda County residents, *American Journal of Epidemiology* 109, 186–204.

Berman, J.J., Murphy-Berman, V. and Singh, P. (1985) Cross-cultural similarities and differences in perceptions of fairness. *Journal of Cross-Cultural Psychology* 16, 55–67.

Berscheid, E. (1983) Emotion, in H.H. Kelley, E. Berscheid, A. Christensen, J.H. Harvey, T.L. Huston, G. Levinger, E. McClintock, L.A. Peplau and D.R. Peterson (eds), *Close Relationships*, New York: Freeman, 110–68.

Berscheid, E. and Walster, E. (1969) *Interpersonal Attraction*, Reading, MA: Addison-Wesley.

Berscheid, E. and Walster, E. (1978) *Interpersonal Attraction* (2nd edn), Reading, MA: Addison-Wesley.

Berscheid, E., Synder, M. and Omoto, A.M. (1989) The relationship closeness inventory: assessing the closeness of interpersonal relationships, *Journal of Personality and Social Psychology* 57, 792–807.

Bloom, B., Asher, S.J. and White, S.W. (1978) Marital disruption as a stressor: a review and analysis, *Psychological Bulletin* 85, 867–94.

Blumstein, P. and Schwartz, P. (1983) *American Couples: Money, Work, Sex*, New York: Morrow.

Bossard, J.H.S. (1932) Residential propinquity as a factor in marriage selection, *American Journal of Sociology* 38, 219–24.

Bradbury, T.N. and Fincham, F.D. (1990) Attributions in marriage: review and critique, *Psychological Bulletin* 107, 3–33.

Braiker, H.B. and Kelley, H.H. (1979) Conflict in the development of close relationships, in R.L. Burgess and T.L. Huston (eds), *Social Exchange in Developing Relationships*, New York and London: Academic Press.

Brehm, S.S. (1992) *Intimate Relationships*, New York: McGraw-Hill, Inc.

Brown, G.W. and Harris, T. (1978) *Social Origins of Depression*, London: Tavistock.

Buhrmester, D. and Furman, W. (1987) The development of companionship and intimacy, *Child Development* 58, 1101–13.

Burnstein, E., Crandall, C. and Kitayama, S. (1994) Some neo-Darwinian roles for altruism: weighing cues for inclusive fitness as function of the biological importance of the decision, *Journal of Personality and Social Psychology* 67, 773–89.

Burr, W.R. (1970) Satisfaction with various aspects of marriage over the life cycle: a random middle class sample, *Journal of Marriage and the Family* 32, 29–37.

Buss, D.M. (1985) Human mate selection, *American Scientist* 73, 47–51.

—— (1989) Sex differences in human mate preferences: evolutionary hypotheses tested in 37 cultures, *Behavioral and Brain Sciences* 12, 1–14.

Buunk, B.P. (1987) Conditions that promote break-ups as a consequence of extradyadic involveness, *Journal of Social and Clinical Psychology* 5, 237–50.

—— (1996) Affiliation, attraction and close relationships, in M. Hewstone, W. Stroebe and G.M. Stephenson (eds), *Introduction to Social Psychology* (2nd edn), Oxford: Blackwell.

Buunk, B.P. and VanYperen, N.W. (1991) Referential comparison, relational comparisons and exchange orientation: their relation to marital satisfaction, *Personality and Social Psychology Bulletin* 17, 710–18.

Byrne, D. (1971) *The Attraction Paradigm*, New York: Academic Press.

Byrne, D. and Clore, G.L. (1970) A reinforcement model of evaluative processes, *Personality: An International Journal* 1, 103–28.

Byrne, D., Clore, G.L. and Smeaton, G. (1986) The attraction hypothesis: do similar attitudes affect anything?, *Journal of Personality and Social Psychology* 51, 1167–70.

Campbell, A., Converse, P.E. and Rodgers, W.L. (1976) *The Quality of American Life*, New York: Russell Sage Foundation.

Campell, A. (1981) The sense of well-being in America: patterns and trends, New York: McGraw-Hill.

Cate, R.M. and Lloyd, S.A. (1988) Courtship, in S. Duck (ed.), *Handbook of Personal Relationships: Theory, Research and Intervention*, New York: Wiley, 409–27.

Cate, R.M. and Lloyd, S.A. (1992) *Courtship*, Newbury Park, CA: Sage.

Cate, R.M., Lloyd, S.A. and Long, E. (1988) The role of rewards and fairness in developing premarital relationships, *Journal of Marriage and the Family* 50, 443–52.

Cattell, R.B. and Nesselrode, J.R. (1967). Likeness and completeness theories examined by 16 personality factor measures on stable and unstable married couples, *Journal of Personality and Social Psychology* 7, 351–61.

Chapman, B. (1992) The Byrne–Clore formula revisited: the additional impact of number of dissimilar attitudes on attraction, unpublished Masters thesis, University at Albany, State University of New York.

Clark, M.S. and Mills, J. (1979) Interpersonal attraction in exchange and communal relationships, *Journal of Personality and Social Psychology* 37, 12–24.

Clore, G.L. and Byrne, D. (1974) A reinforcement model of attraction, in T.I. Huston (ed.), *Foundations of Interpersonal Attraction*, New York: Academic Press, 143–70.

Cohen, S. and Hoberman, H.M. (1982) Positive events and social supports as buffers on life change stress: maximising the prediction of health outcome, unpublished, University of Oregon.

Cole, C.L. (1984) Marital quality in later life, in W.H. Quinn and G.H. Highston (eds), *Independent Aging: Family and Social Support Perspectives*, Gaithersburg, MD: Aspen, 72–90.

Cook, E. (1997) Is marriage driving women mad?, *Independent on Sunday*, 10 August.

Cooper, G. (1996) The satisfying side of being home alone, *Independent*, 13 September.

Cramer, D. (1987) Lovestyles revisited, *Social Behaviour and Personality* 15, 215–18.

—— (1995) Personal relationships, *The Psychologist* 8 (2) (February).

—— (1998) *Close Relationships: The Study of Love and Friendship*, Arnold.

Cunningham, M.R. (1986) Measuring the physical in physical attractiveness: quasi-experiments on the sociobiology of female facial beauty, *Journal of Personality and Social Psychology* 50 (5), 925–35.

Curtis, R.C. and Miller, K. (1986) Believing another likes or dislikes you: behaviors making the beliefs come true, *Journal of Personality and Social Psychology* 51, 284–90.

Davis, S. (1990) Men as success objects and women as sex objects: a study of personal advertisements, *Sex Roles* 23, 43–50.

Deaux, K. and Lewis, L. (1984) The structure of gender stereotypes: interrelationships among components and gender label, *Journal of Personality and Social Psychology* 52, 991–1004.

Derlega, V.J., Metts, S., Petronio, S. and Margulis, S.T. (1993) *Self-disclosure*, Newbury Park, CA: Sage.

Dermer, M. and Thiel, D.L. (1975) When beauty may fail, *Journal of Personality and Social Psychology* 31, 1168–76.

Deutsch, M. and Collins, M.E. (1951) *Interracial Housing: A Psychological Evaluation of a Social Experiment*, Minneapolis: University of Minnesota Press.

De Waal, F. (1983) *Chimpanzee Politics: Power and Sex Among Apes*, New York: Harper & Row.

Dindia, K. and Allen, M. (1992) Sex differences in self disclosure: a meta-analysis, *Psychological Bulletin* 112, 106–24.

Dion, K.K. and Berscheid, E. (1974) Physical attractiveness and peer perception among children, *Sociometry* 37, 1–12.

Dion, K.K. and Dion, K.L. (1993) Individualistic and collectivist perspectives on gender and the cultural context of love and intimacy, *Journal of Social Issues* 49(3), 53–69.

Duck, S.W. (1982) *Personal Relationships 4: Dissolving Personal Relationships*, London and New York: Academic Press.

—— (1984) A perspective on the repair of personal relationships: repair of what, when?, in S.W. Duck (ed.), *Personal Relationships 5: Repairing Personal Relationships*, London: Academic Press.

—— (1988) *Relating to Others*, Milton Keynes: Open University Press.
—— (1992) *Human Relationships* (2nd edn), London: Sage.
—— (1994) *Meaningful Relationships*, London: Sage.
—— (1995) Repelling the study of attraction, *The Psychologist* 8 (2), 60–3.
Duck, S.W. and Wright, P. (1993) Reexamining gender differences in same-gender friendships: a close look at two kinds of data, *Sex Roles* 28, 709–27.
Durkin, K. (1995) *Developmental Social Psychology*, Oxford: Blackwell.
Ebbesen, E.B., Kjos, G.L. and Konecni, V.J. (1976) Spatial ecology: its effects on the choice of friends and enemies, *Journal of Experimental Social Psychology* 12, 505–18.
Farr, W. (1975) Marriage and mortality, in N. Humphreys (ed.), *Vital Statistics: A Memorial Volume of Selections from the Reports and Writings of William Farr*, Metuchen, NJ: Scarecrow Press. (Original work published 1885.)
Feingold, A. (1988) Matching for attractiveness in romantic partners and same-sex friends: a meta-analysis and theoretical critique, *Psychological Bulletin* 104, 226–35.
Festinger, L. (1954) A theory of social comparison processes, *Human Relations* 7, 117–40.
Festinger, L., Schachtei, S. and Back , K.W. (1950) *Social Pressures in Informal Groups: A Study of Human Factors in Housing*, New York: Harper.
Finch, J. and Mason, J. (1993) *Negotiating Family Responsibilities*, London: Routledge.
Fincham, F.D. (1997) Understanding marriage: from fish scales to milliseconds, *The Psychologist* 10 (12) (December).
Flanagan, C. (1999) *Early Socialisation: Sociability and Attachment*, London: Routledge.
Fox, S. (1980) Situational determinants in affiliation, *European Journal of Social Psychology* 10, 303–7.
French, J.P.R. jun. and Raven, B.H. (1959) The bases of social power, in D.Cartwright (ed.), *Studies in Social Power*, Ann Arbor: University of Michigan Press.
Gibson, H.B. (1992) *The Emotional and Sexual Lives of Older People: A Manual for Professionals*, New York: Chapman and Hall.

Glenn, N.D. (1989) Duration of marriage, family consumption, and marital happiness, *National Journal of Sociobiology* 3, 3–24.

Gold, J.A., Ryckman, R.M. and Moseley, N.R. (1984) Romantic mood induction and attraction to a dissimilar other: is love blind?, *Personality and Social Psychology* 37, 1179–85.

Goleman, D. (1990) Support groups may do more in cancer than relieve the mind, *New York Times*, 18 October.

Goodwin, R. (1995) Personal relationships across cultures, *The Psychologist* 8 (2) (February), 73–5.

Gouaux, C. (1971) Induced affective states and interpersonal attraction, *Journal of Personality and Social Psychology* 20, 37–43.

Gove, W.R. (1979) The relationship between sex roles, marital status and mental illness, *Social Forces* 51, 34–44.

Gupta, U. and Singh, P. (1982) An exploratory study of love and liking and types of marriage, *Indian Journal of Applied Psychology* 19, 92–7.

Hagen, R. and Kahn, A. (1975) Discrimination against competent women. Paper presented at meeting of Midwestern Psychological Association, Chicago.

Harlow, H.F. (1958) The nature of love, *American Psychologist* 13, 673–85.

Harrison, A.A. (1977) Mere exposure, in L. Berkowitz (ed.), *Advances in Experimental Social Psychology* (vol. 10), New York: Academic Press.

Harry, J. (1983) Gay male and lesbian relationships, in E. Macklin and R. Rubin (eds), *Contemporary Families and Alternative Lifestyles: Handbook on Research and Theory*, London: Sage.

Hartup, W.W. (1992) *Friendships and Their Developmental Significance*, in M. McCurk (ed.), *Childhood Social Development: Contemporary Perspectives*, Hove, Sussex: Erlbaum.

Hatfield, E. and Rapson, R.L. (1987) Passionate love: new directions in research, in W.H. Jones and D. Perlman (eds), *Advances in Personal Relationships* (vol. 1), Greenwich, CT: JAI Press, 109–39.

Hatfield, E. and Walster, G.W. (1978) *A New Look at Love*, Reading, MA: Addison-Wesley.

Hatfield, E., Greenberger, E., Traupmann, J. and Lambert, P. (1982) Equity and sexual satisfaction in recently married couples, *Journal of Sex Research* 18, 18–32.

Hatfield, E., Traupmann, J., Sprecher, S., Utne, M. and Hay, J. (1985) Equity and intimate relations: recent research, in W. Ickles (ed.), *Compatible and Incompatible Relationships*, New York: Springer-Verlag.

Hayduk, L.A. (1983) Personal space: where we now stand, *Psychological Bulletin* 94, 293–335.

Hazan, C. and Shaver, P. (1987) Romantic love conceptualized as an attachment process, *Journal of Personality and Social Psychology* 52, 511–24.

Hazan, C. and Shaver, P. (1990) Love and work: an attachment-theoretical perspective, *Journal of Personality and Social Psychology* 59, 270–80.

Hazan, C., Hutt, M.J. and Markus, H. (1991) Continuity and change in inner working models of attachment, unpublished manuscript, Department of Human Development, Cornell University.

Heine, S. and Lehman, D.R. (1995) Cultural variation in unrealistic optimism: does the West feel more invulnerable than the East?, *Journal of Personality and Social Psychology* 68, 595–607.

Hendrick, C. and Hendrick, S. (1989) Research on love: does it measure up?, *Journal of Personality and Social Psychology* 56, 784–94.

Hendrick, C., Hendrick, S.S., Foote, F.H. and Slapion-Foote, M.J. (1984) Do men and women love differently?, *Journal of Social and Personal Relationships* 1, 177–95.

Hill, R. (1970) *Family Development in Three Generations*, Cambridge, MA: Schenkman.

Hofstede, G. (1984) *Culture's Consequences*, Beverley Hills, CA: Sage.

Homans, G. C. (1961) *Social Behaviour*, New York: Harcourt, Brace & World.

Hsu, F. (1971) Filial piety in Japan and China, *Journal of Comparative Family Studies* 2, 67–74.

Hu, Y. and Goldman, N. (1990) Mortality differentials by marital status: an international comparison, *Demography* 27, 233–50.

Huston, M. and Schwartz, P. (1995) The relationships of lesbian and gay men, in J.T. Wood and S.W. Duck (eds), *Under-studied Relationships*, London: Sage.

Johnson, D.J. and Rusbult, C.E. (1989) Resisting temptation: devaluation of alternative partners as a means of maintaining commitment in close relationships, *Journal of Personality and Social Psychology* 57, 967–80.

Kendel, D. (1978) Similarity in real-life adolescent friendship pairs, *Journal of Personality and Social Psychology* 36, 306–12.

Kenrick, D.T. and Johnson, G.A. (1979) Interpersonal attraction in adversive environments: a problem for the classical conditioning paradigm?, *Journal of Personality and Social Psychology* 37, 572–9.

Kenrick, D.T. and Trost, M.R., (1989) A reproductive exchange model of heterosexual relationships, in C. Hendrick (ed.), *Close Relationships. Review of Personality and Social Psychology*, Newbury Park, CA: Sage, 10.

Kerckhoff, A.C. and Davis, K.E. (1962) Value consensus and need complementarity in mate selection, *American Sociological Review* 27, 295–303.

Kirkpatrick, L.A. and Hazan, C. (1994) Attachment styles and close relationships: a four-year prospective study, *Personal Relationships* 1, 123–42.

Kitzinger, C. and Coyle, A. (1995) Lesbian and gay couples: speaking of difference, *The Psychologist* 8 (2) 64–9.

Klinger, E. (1977) Meaning and void: inner experience and the incentives in people's lives, Minneapolis: University of Minnesota Press.

Kulik, J.A. and Mahler, H.I.M. (1989) Effects of preoperative roommate assignment on preoperative anxiety and recovery from coronary-bypass surgery, *Health Psychology* 6, 525–44.

Kurdek, L.A. (1994) Areas of conflict for gay, lesbian and heterosexual couples: what couples agree about influences relationship satisfaction, *Journal of Marriage and the Family* 56, 297–313.

La Gaipa, J.J. (1982 'Rituals of disengagement', in S.W. Duck (ed.), *Personal Relationships 4: Dissolving Personal Relationships*, London: Academic Press.

Leary, M.R., Rogers, P.A., Canfield, R.W. and Coe, C. (1986) Boredom in interpersonal encounters: antecedents and social implications, *Journal of Personality and Social Psychology* 51(5), 968–75.

Lee, J.A. (1973) *Colours of Love*, Toronto: New Press.

Leigh, G.K., Homan, T.B. and Burr, W.R. (1987) Some confusions and exclusions of the SVR theory of dyadic pairing: a response to Murstein, *Journal of Marriage and the Family* 49, 933–7.

Leonard, R.L. jun. (1975) Self concept and attraction for similar and dissimilar others, *Journal of Personality and Social Psychology* 31, 926–9.

Lever, J. (1978) Sex differences in the complexity of children's play and games, *American Sociological Review* 43, 471–83.

Levinger, G. (1976) A social psychological perspective on marital dissolution, *Journal of Social Issues* 32 (1), 21–47.

—— (1980) Toward the analysis of close relationships, *Journal of Experimental Social Psychology* 16, 510–44.

—— (1983) Development and change, in H.H. Kelley, E. Berscheid, A, Christensen, J.H. Harvey, T.L. Huston, G. Levinger, E. McClintock, L.A. Peplau ad D.R. Peterson (eds), *Close Relationships*, New York: Freeman.

Levinger, G., Senn, D.J. and Jorgensen, B.W. (1970) Progress toward permanence in courtship: a test of Kerchoff–Davis hypothesis, *Sociometry* 33, 427–43.

Levitt, M.J. (1991) Attachments and close relationships: a life-span perspective, in J.L. Gewirtz and W.M. Kurtines (eds), *Interaction with Attachment*, Hillsdale, NJ: Erlbaum.

Linton, R. (1936) *The Study of Man*, New York: Appleton-Century.

Lloyd, S.A., Cate, R.M. and Henton, J.M. (1984) Predicting premarital relationship stability: a methodological refinement, *Journal of Marriage and the Family* 46, 71–76.

McGhee, P.M. (1996) Make or break? The psychology of relationship dissatisfaction and breakdown, *Psychology Review* 2 (4), 27–30.

McKillip, J. and Riedel, S.L. (1983) External validity of matching on physical attractiveness for same and opposite sex couples, *Journal of Applied Social Psychology* 13, 328–37.

McWhirter, D.P. and Mattison, A.M. (1984) *The Male Couple*, Englewood Cliffs, NJ: Prentice-Hall.

Mastekassa, A. (1992) Marriage and psychological well-being: some evidence on selection into marriage, *Journal of Marriage and the Family* 54, 901–11.

Miell, D. and Crogham, R. (1996) Examining the wider context of social relationships, in D. Miell and R. Dallos, *Social Interaction and Personal Relationships*, Milton Keynes: Open University Press, 267–318.

Moghaddem, F.M., Taylor, D.M. and Wright, S.C. (1993) *Social*

*Psychology in Cross-cultural Perspective*, New York: W.H. Freeman & Co.

Moreland, R.L. and Beach S.R. (1992) Exposure effects in the classroom: The development of affinity among students, *Journal of Experimental Social Psychology* 28, 255–76.

Murstein, B.I. (1970) Stimulus–value–role: a theory of marital choice, *Journal of Marriage and the Family* 32, 465–81.

—— (1974) *Love, Sex and Marriage Through the Ages*, New York: Springer.

—— (1976) *Who Will Marry Whom? Theories and Research in Marital Choice*, New York: Springer-Verlag.

Murstein, B.I., Merighi, J.R. and Vyse, S.A. (1991) Love styles in the United States and France: a cross-cultural comparison, *Journal of Social and Clinical Psychology* 10, 37–46.

Nardi, P.M. and Sherrod, D. (1994) Friendship in the lives of gay men and lesbians, *Journal of Social and Personal Relationships* 11, 185–99.

Nehamow, L. and Lawton, M.P. (1975) Similarity and propinquity in friendship formation, *Journal of Personality and Social Psychology* 32, 205–13.

Newcomb, T.M. (1961) *The Acquaintance Process*, New York: Holt, Rinehart & Winston.

Nichols, M. (1990) Lesbian relationships: implications for the study of sexuality and gender, in D.P. McWhirter, S.A. Sanders and J.M. Reinisch (eds), *Homosexuality/Heterosexuality: The Kinsey Scale and Current Research*, New York: Oxford University Press, 350–64.

Novak, D.W. and Lerner, M.J. (1968) Rejection as a consequence of perceived similarity, *Journal of Personality and Social Psychology* 9, 147–52.

Nuckolls, K.B., Cassell, J. and Kaplin, B.H. (1972) Psychosocial assets, life crisis and the prognosis of pregnancy, *American Journal of Epidemiology* 95, 431–41.

O'Leary, K.D. and Smith, D.A. (1991) Marital interaction, *Annual Review of Psychology* 42, 191–212.

Pataki, S.P., Shapiro, C. and Clark, M.S. (1994) Children's acquisition of appropriate norms for friendship and acquaintances, *Journal of Social and Personal Relations* 11, 427–42.

Pennington, D. (1986) *Essential Social Psychology*, London: Edward Arnold.

Peplau, L.A. and Gordon, S.L. (1983). The intimate relationships of lesbians and gay men, in E.R. Allegier and N.R. McCormick (eds), *Gender Roles and Sexual Behaviour: The Changing Boundaries*, Palo Alto, CA: Mayfield.

Peplau, L.A., Cochran, S., Rook K. and Padesky, C. (1978) Loving women: attachment and autonomy in lesbian relationships, *Journal of Social Issues* 34, 7–27.

Peterson, D.R. (1983) Conflict, in H.H. Kelley, *Close Relationships*, New York: Freeman.

Pineo, P.C. (1961) Disenchantment in the later years of marriage, *Journal of Marriage and Family Living* 23, 3–11.

Prins, K.S., Buunk, A.P. and Van Yperen, N.W. (1992) Equity, normative disapproval and extramarital sex, *Journal of Social and Personal Relationships* 10, 39–53.

Quindlen, A. (1992). No closet space, *New York Times*, 27 May, P.A11.

Rawlins, W. K. (1992) *Friendship Matters*, Hawthorne, NY: Aldine de Gruyter.

Reis, H.T., Senchak, M. and Solomon, B. (1985) Sex differences in the intimacy of social interaction: further examination of potential explanations, *Journal of Personality and Social Psychology* 48, 1204–17.

Reitch, J.W. and Zautra, A. (1981) Life events and personal causation: some relationships with satisfaction and distress, *Journal of Personality and Social Psychology* 41, 1002–12.

Rosenbaum, M.E. (1986) The repulsion hypothesis: on the non-development of relationships, *Journal of Personality and Social Psychology* 50, 729–36.

Rubin, Z. (1970) Measurement of romantic love, *Journal of Personality and Social Psychology* 16, 265–73.

—— (1973) *Liking and Loving*, New York: Holt, Rinehart and Winston.

Rusbult, C.E. (1983) A longitudinal test of the investment model. The development (and deterioration) of satisfaction and commitment in heterosexual involvement, *Journal of Personality and Social Psychology* 45, 101–17.

Rusbult, C.E. and Martz, J.M. (1995) Remaining in an abusive relationship: an investment model of nonvoluntary dependence, *Personality and Social Psychology Bulletin* 21, 558–71.

Rusbult, C.E. and Zembrodt, I.M. (1983) Responses to dissatisfaction in romantic involvements: a multidimensional scaling analysis, *Journal of Personality and Social Psychology* 43, 1230–42.

Rusbult, C.E., Zembrodt, I.M. and Gunn, L.K. (1982) Exit, voice, and neglect: responses to dissatisfaction in romantic involvements, *Journal of Personality and Social Psychology* 43, 1230–42.

Rusbult, C.E., Farrell, D., Rogers, G. and Mainous, A.G. (1988) Impact of exchange variables on exit, voice, loyalty, and neglect: An integrative model of responses to declining job satisfaction, *Academy of Management Journal* 31, 599–627.

Sapadin, L.A. (1988) Friendship and gender: perspectives of professional men and women, *Journal of Social and Personal Relationships* 5 (4), 387–403.

Sardar, Z. (1999) Why I didn't choose my wife, *New Statesman*, 1 May, 16–17.

Scanzoni, J. (1979) *Sex Roles, Women's Work, and Marital Conflict*, Boston, MA: D.C. Heath.

Schachter, S. (1959) *The Psychology of Affiliation: Experimental Studies of the Source of Gregariousness*, Stanford, CA: Stanford University Press.

Segal, M.W. (1974) Alphabet and attraction: an unobstrusive measure of the effect of propinquity in a field setting, *Journal of Personality and Social Psychology* 30, 654–7.

Shaver, P. and Buhrmester, D. (1983) Loneliness, sex-role orientation and group life: a social needs perspective, in P.B. Paulus (ed.), *Basic Group Processes*, New York: Springer-Verlag.

Shaver, P., Hazan, C. and Bradshaw, D. (1988) Love as attachment: the integration of three behavioural systems, in R.J. Sternberg and M.L. Barnes (eds), *The Psychology of Love*, New Haven, CT: Yale University Press, 68–99.

Sherrod, D. (1989) The influence of gender on same-sex friendships, in C. Hendrick (ed.), *Review of Personality and Social Psychology: Vol. 10 Close Relationships*, Newbury Park, CA: Sage, 164–86.

Sigall, H. and Aronson, E. (1969) Liking for an evaluation as a function of her physical attractiveness and nature of the evaluation, *Journal of Experimental Social Psychology* 5, 93–100.

Silverman, I. (1971) Physical attractiveness, *Sexual Behaviour*, 22–25 September.

Simpson, J.A. (1990) Influence of attachment styles on romantic relationships, *Journal of Personality and Social Psychology* 59, 971–80.

Singh, D. (1993) Adaptive significance of female attractiveness: role of waist-to-hip ratio, *Journal of Personality and Social Psychology* 65, 293–307.

Smeaton, G., Byrne, D. and Murnen, S.K. (1989) The repulsion hypothesis revisited; similarity irrelevance or dissimilarity bias?, *Journal of Personality and Social Psychology* 56, 54–9.

Smith, P.B. and Bond, M.H. (1993) *Social Psychology Across Cultures*, Cambridge: Harvester-Wheatsheaf.

Sprecher, S., Aron, A., Hatfield, E., Cortese, A., Potapova, E. and Levitskaya, A. (1994) Love American style, Russian style and Japanese style, *Personal Relationships* 1, 349–69.

Stephen, T. (1985) Taking communication seriously: a reply to Murstein, *Journal of Marriage and the Family*, 47, 937–8.

Sternberg, R.J. and Barnes, M.L. (1988) *The Psychology of Love*, London: Yale University Press.

Stiles, D., Gibbon, J., Hardardottir, S. and Schnellmann, J. (1987) The ideal man or woman as described by young adolescents in Iceland and the United States, *Sex Roles* 17, 313–20.

Sullivan, H.S. (1953) *The Interpersonal Theory of Psychiatry*, New York: Norton.

Surra, C.A. and Huston, T.L. (1987) Mate selection as a social transition, in D. Perlman and S. Duck (eds), *Intimate Relationships: Development, Dynamics and Deterioration*, Newbury Park, CA: Sage Publications, 88–120.

Thibaut, J.W. and Kelley, H.H. (1959) *The Social Psychology of Groups*, New York: Wiley.

Tolstedt, B.E. and Stokes, J.P. (1984) Self-disclosure, intimacy, and the depenetration process, *Journal of Personality and Social Psychology* 46, 84–90.

Triandis, H.C., McCusker, C. and Hui, C.H. (1990) Multimethod probes of individualism and collectivism, *Journal of Personality and Social Psychology* 59, 1006–20.

Trivers, R.L. (1972) Parental investment and sexual selection, in B. Campbell (ed.), *Sexual Selection and the Descent of Man*, Chicago: Aldine-Atherton, 136–79.

Unger, R. and Crawford, M. (1992) *Women and Gender: A Feminist Psychology*, New York: McGraw-Hill.

Veitch, R. and Griffith, W. (1976) Good news, bad news: affective and interpersonal effects, *Journal of Applied Social Psychology* 6, 69–75.

Waller, W.W. and Hill, R. (1951) *The Family, a Dynamic Interpretation*, New York: Warner Books.

Walster, E. and Walster, G.W. (1978) *A New Look at Love*, Reading, MA: Addison-Wesley.

Walster, E., Aronson, V., Abrahams, D. and Rottmann, L. (1966) Importance of physical attractiveness in dating behaviour, *Journal of Personality and Social Psychology* 4, 508–16.

Warr, P. (1983) Work, jobs and employment, *Bulletin of the British Psychological Society* 36, 305–11.

Winch, R.F. (1958) *Mate Selection: A Study of Complementary Needs*, New York: Harper & Row.

Wright, P.H. (1982) Men's friendships, women's friendships and the alleged inferiority of the latter, *Sex Roles* 8, 1–20.

Yinin, Y., Goldenberg, J. and Neeman, R. (1977) On the relationship structure of residence and formation of friendship, *Psychological Reports* 40, 761–2.

Zajonc, R.B. (1968) Attitudinal effects of mere exposure, *Journal of Personality and Social Psychology* 8, 1–29.

國家圖書館出版品預行編目資料

人際關係 / Diana Dwyer 等原著 ；林正福譯.
-- 初版 -- 臺北市 ： 弘智文化，
2001〔民 90〕
面 ；  公分
譯自： Interpersonal relationships
ISBN 957-0453-33-8 （平裝）

1. 人際關係

177.3 90011744

# 人 際 關 係 Interpersonal Relationships

原　　著 / Diana Dwyer
譯　　者 / 林正福
校　　閱 / 黃曬莉
執行編輯 / 黃彥儒
出 版 者 / 弘智文化事業有限公司
登 記 證 / 局版台業字第 6263 號
地　　址 / 台北市大同區民權西路 118 巷 15 弄 3 號 7 樓
電　　話 / （02）2557-5685．0936252817．0921121621
傳　　真 / （02）2557-5383
發 行 人 / 邱一文
書店經銷 / 旭昇圖書有限公司
地　　址 / 台北縣中和市中山路 2 段 352 號 2 樓
電　　話 / （02）22451480
傳　　真 / （02）22451479
製　　版 / 信利印製有限公司
版　　次 / 2001 年 08 月初版一刷
定　　價 / 250 元

ISBN 957-0453-33-8

本書如有破損、缺頁、裝訂錯誤，請寄回更換！

# 弘智文化價目表

| 書名 | 定價 | | 書名 | 定價 |
|---|---|---|---|---|
| | | | | |
| 社會心理學（第三版） | 700 | | 生涯規劃：掙脫人生的三大桎梏 | 250 |
| 教學心理學 | 600 | | 心靈塑身 | 200 |
| 生涯諮商理論與實務 | 658 | | 享受退休 | 150 |
| 健康心理學 | 500 | | 婚姻的轉捩點 | 150 |
| 金錢心理學 | 500 | | 協助過動兒 | 150 |
| 平衡演出 | 500 | | 經營第二春 | 120 |
| 追求未來與過去 | 550 | | 積極人生十撇步 | 120 |
| 夢想的殿堂 | 400 | | 賭徒的救生圈 | 150 |
| 心理學：適應環境的心靈 | 700 | | | |
| 兒童發展 | 出版中 | | 生產與作業管理（精簡版） | 600 |
| 為孩子做正確的決定 | 300 | | 生產與作業管理(上) | 500 |
| 認知心理學 | 出版中 | | 生產與作業管理(下) | 600 |
| 醫護心理學 | 出版中 | | 管理概論：全面品質管理取向 | 650 |
| 老化與心理健康 | 390 | | 組織行為管理學 | 800 |
| 身體意象 | 250 | | 國際財務管理 | 650 |
| 人際關係 | 250 | | 新金融工具 | 出版中 |
| 照護年老的雙親 | 200 | | 新白領階級 | 350 |
| 諮商概論 | 600 | | 如何創造影響力 | 350 |
| 兒童遊戲治療法 | 500 | | 財務管理 | 出版中 |
| 認知治療法概論 | 500 | | 財務資產評價的數量方法一百問 | 290 |
| 家族治療法概論 | 出版中 | | 策略管理 | 390 |
| 伴侶治療法概論 | 出版中 | | 策略管理個案集 | 390 |
| 教師的諮商技巧 | 200 | | 服務管理 | 400 |
| 醫師的諮商技巧 | 出版中 | | 全球化與企業實務 | 出版中 |
| 社工實務的諮商技巧 | 200 | | 國際管理 | 700 |
| 安寧照護的諮商技巧 | 200 | | 策略性人力資源管理 | 出版中 |
| | | | 人力資源策略 | 390 |

| 書名 | 定價 | | 書名 | 定價 |
|---|---|---|---|---|
| | | | | |
| 管理品質與人力資源 | 290 | | 全球化 | 300 |
| 行動學習法 | 350 | | 五種身體 | 250 |
| 全球的金融市場 | 500 | | 認識迪士尼 | 320 |
| 公司治理 | 350 | | 社會的麥當勞化 | 350 |
| 人因工程的應用 | 出版中 | | 網際網路與社會 | 320 |
| 策略性行銷（行銷策略） | 400 | | 立法者與詮釋者 | 290 |
| 行銷管理全球觀 | 600 | | 國際企業與社會 | 250 |
| 服務業的行銷與管理 | 650 | | 恐怖主義文化 | 300 |
| 餐旅服務業與觀光行銷 | 690 | | 文化人類學 | 650 |
| 餐飲服務 | 590 | | 文化基因論 | 出版中 |
| 旅遊與觀光概論 | 600 | | 社會人類學 | 390 |
| 休閒與遊憩概論 | 600 | | 血拼經驗 | 350 |
| 不確定情況下的決策 | 390 | | 消費文化與現代性 | 350 |
| 資料分析、迴歸、與預測 | 350 | | 全球化與反全球化 | 出版中 |
| 確定情況下的下決策 | 390 | | 社會資本 | 出版中 |
| 風險管理 | 400 | | | |
| 專案管理師 | 350 | | 陳宇嘉博士主編 14 本社會工作相關著作 | 出版中 |
| 顧客調查的觀念與技術 | 出版中 | | | |
| 品質的最新思潮 | 出版中 | | 教育哲學 | 400 |
| 全球化物流管理 | 出版中 | | 特殊兒童教學法 | 300 |
| 製造策略 | 出版中 | | 如何拿博士學位 | 220 |
| 國際通用的行銷量表 | 出版中 | | 如何寫評論文章 | 250 |
| 許長田著「行銷超限戰」 | 300 | | 實務社群 | 出版中 |
| 許長田著「企業應變力」 | 300 | | | |
| 許長田著「不做總統，就做廣告企劃」 | 300 | | 現實主義與國際關係 | 300 |
| 許長田著「全民拼經濟」 | 450 | | 人權與國際關係 | 300 |
| | | | 國家與國際關係 | 300 |
| 社會學：全球性的觀點 | 650 | | | |
| 紀登斯的社會學 | 出版中 | | 統計學 | 400 |

| 書名 | 定價 | | 書名 | 定價 |
|---|---|---|---|---|
| | | | | |
| 類別與受限依變項的迴歸統計模式 | 400 | | 政策研究方法論 | 200 |
| 機率的樂趣 | 300 | | 焦點團體 | 250 |
| | | | 個案研究 | 300 |
| 策略的賽局 | 550 | | 醫療保健研究法 | 250 |
| 計量經濟學 | 出版中 | | 解釋性互動論 | 250 |
| 經濟學的伊索寓言 | 出版中 | | 事件史分析 | 250 |
| | | | 次級資料研究法 | 220 |
| 電路學（上） | 400 | | 企業研究法 | 出版中 |
| 新興的資訊科技 | 450 | | 抽樣實務 | 出版中 |
| 電路學（下） | 350 | | 審核與後設評估之聯結 | 出版中 |
| 電腦網路與網際網路 | 290 | | | |
| | | | | |
| 應用性社會研究的倫理與價值 | 220 | | 書僮文化價目表 | |
| 社會研究的後設分析程序 | 250 | | | |
| 量表的發展 | 200 | | 台灣五十年來的五十本好書 | 220 |
| 改進調查問題：設計與評估 | 300 | | ２００２年好書推薦 | 250 |
| 標準化的調查訪問 | 220 | | 書海拾貝 | 220 |
| 研究文獻之回顧與整合 | 250 | | 替你讀經典：社會人文篇 | 250 |
| 參與觀察法 | 200 | | 替你讀經典：讀書心得與寫作範例篇 | 230 |
| 調查研究方法 | 250 | | | |
| 電話調查方法 | 320 | | 生命魔法書 | 220 |
| 郵寄問卷調查 | 250 | | 賽加的魔幻世界 | 250 |
| 生產力之衡量 | 200 | | | |
| 民族誌學 | 250 | | | |